Descobrir Jogos Online Grátis

Disponível Aqui:

BestActivityBooks.com/FREEGAMES

5 DICAS PARA COMEÇAR

1) CÓMO RESOLVER LAS SOPA DE LETRAS

Os puzzles têm um formato clássico:

- As palavras estão escondidas sem espaços ou hífenes,...
- Orientação: As palavras podem ser escritas para a frente, para trás, para cima, para baixo ou na diagonal (podem ser invertidas).
- As palavras podem sobrepor-se ou intersectar-se.

2) APRENDIZAGEM ACTIVA

Ao lado de cada palavra há um espaço para anotar a tradução. Para encorajar a aprendizagem activa, um **DICIONÁRIO** no final desta edição permitir-lhe-á verificar e expandir os seus conhecimentos. Procure e anote as traduções, encontre-as no puzzle e adicione-as ao seu vocabulário!

3) MARCAR AS PALAVRAS

Pode inventar o seu próprio sistema de marcação - talvez já use um? Pode também, por exemplo, marcar palavras difíceis de encontrar com uma cruz, palavras favoritas com uma estrela, palavras novas com um triângulo, palavras raras com um diamante, e assim por diante.

4) ESTRUTURANDO A APRENDIZAGEM

Esta edição oferece um **CADERNO DE NOTAS** prático no final do livro. Nas férias, em viagem ou em casa, pode facilmente organizar os seus novos conhecimentos sem a necessidade de um segundo caderno!

5) JÁ TERMINOU TODAS AS GRELHAS?

Nas últimas páginas deste livro, na secção **DESAFIO FINAL**, encontrará um jogo gratuito!

Rápido e fácil! Consulte a nossa colecção de livros de actividades para o seu próximo momento de diversão e **aprendizagem**, a apenas um clique de distância!

Encontre o seu próximo desafio em:

BestActivityBooks.com/MeuProximoLivro

Aos vossos lugares, preparem-se...Vão!

Sabia que existem cerca de 7.000 línguas diferentes no mundo? As palavras são preciosas.

Adoramos línguas e temos trabalhado arduamente para criar livros da mais alta qualidade para si. Os nossos ingredientes?

Uma selecção de tópicos adequados à aprendizagem, três boas porções de entretenimento, e depois acrescentamos uma colherada de palavras difíceis e uma pitada de palavras raras. Servimo-los com amor e máximo divertimento, para que possa resolver os melhores jogos de palavras e se divirta a aprender!

A sua opinião é essencial. Pode participar activamente no sucesso deste livro, deixando-nos um comentário. Gostaríamos de saber o que mais lhe agradou nesta edição.

Aqui está um link rápido para a sua página de encomendas:

BestBooksActivity.com/Avaliacoes50

Obrigado pela vossa ajuda e divirtam-se!

A Equipa Inteira

1 - Dirigindo

```
F  Ț  B  K  T  O  X  L  T  L  F  P  P  L  P
M  Ă  D  A  R  T  S  H  T  I  R  E  O  D  U
J  N  U  T  R  A  F  I  C  C  J  R  L  B  T
S  I  G  U  R  A  N  Ț  Ă  E  U  I  I  J  R
P  Ș  M  B  C  H  L  U  N  N  Ă  C  T  U  O
B  A  M  O  N  B  R  Ț  R  Ț  Ț  O  I  Z  P
K  M  U  G  T  M  U  R  D  Ă  N  L  E  Q  S
M  M  T  T  A  O  O  K  Ț  L  E  N  U  T  N
Q  J  L  X  C  Z  C  T  N  E  D  I  C  C  A
S  A  D  T  B  U  S  I  O  Q  U  W  F  G  R
G  A  R  A  J  E  B  A  C  R  R  D  U  A  T
O  A  H  J  I  Z  V  N  V  L  P  O  V  Q  F
Ț  F  F  L  Z  P  V  N  E  W  E  N  Â  R  F
P  I  E  T  O  N  M  Q  U  M  Ă  T  R  A  H
C  O  M  B  U  S  T  I  B  I  L  Ț  Ă  A  D
```

ACCIDENT
MAȘINĂ
COMBUSTIBIL
PRUDENȚĂ
DRUM
FRÂNE
GARAJ
GAZ
LICENȚĂ
HARTĂ

MOTOCICLETĂ
MOTOR
PIETON
PERICOL
POLITIE
STRADĂ
SIGURANȚĂ
TRANSPORT
TRAFIC
TUNEL

2 - Antiguidades

```
I  E  N  T  U  Z  I  A  S  T  R  S  E  F  U
P  N  M  O  N  E  D  E  N  K  E  S  T  V  Z
R  N  V  S  V  Ț  V  R  E  L  S  C  A  I  I
E  Y  Y  E  H  S  X  G  W  Y  T  U  T  T  L
Ț  V  R  I  S  Z  Ț  P  L  V  A  L  I  A  S
O  E  R  R  P  T  Q  N  L  R  U  P  L  R  E
V  I  R  E  I  L  I  B  O  M  R  T  A  O  C
V  Ț  L  L  R  V  T  Ț  C  D  A  U  C  C  O
F  A  Q  A  Z  E  N  Q  I  W  R  R  O  E  L
Q  T  L  G  I  C  A  O  T  I  E  Ă  I  D  P
V  I  U  O  C  H  G  C  R  M  Y  T  M  K  E
Ț  C  A  K  A  I  E  A  A  P  X  R  T  M  N
Z  I  B  M  R  R  L  A  C  U  M  A  K  E  H
X  L  Z  Z  D  K  E  A  U  T  E  N  T  I  C
N  E  O  B  I  Ș  N  U  I  T  U  W  M  K  C
```

ARTĂ	ARTICOL
AUTENTIC	LICITAȚIE
DECORATIV	MOBILIER
ELEGANT	MONEDE
ENTUZIAST	PREȚ
SCULPTURĂ	CALITATE
STIL	RESTAURARE
GALERIE	SECOL
NEOBIȘNUIT	VALOARE
INVESTIȚII	VECHI

3 - Churrascos

```
M  U  Z  I  C  Ă  X  C  Ţ  J  S  O  U  M  F
V  K  A  Y  P  V  M  Q  O  E  O  D  D  L  I
C  M  C  G  K  R  G  E  B  P  S  Y  S  Y  E
C  U  Ţ  I  T  E  Y  T  E  E  I  U  P  Q  R
J  F  D  T  A  F  O  A  M  E  U  I  A  B  B
O  Q  A  Y  W  R  W  L  U  R  K  P  K  C  I
C  B  T  M  E  B  H  A  G  A  Q  B  E  I  N
U  J  G  U  I  W  I  S  E  S  E  X  U  N  T
R  F  C  V  Ţ  L  B  N  L  R  F  V  Q  A  E
I  H  U  Y  A  F  I  F  M  O  P  R  Â  N  Z
M  B  R  W  T  T  R  E  D  S  W  A  Z  Y  C
V  A  R  Ă  I  K  E  U  O  I  Z  T  Q  Z  L
D  K  U  V  V  R  P  N  C  I  G  Ă  H  P  Q
E  S  V  Ţ  N  R  I  T  W  T  W  R  P  F  C
W  C  X  H  I  F  P  Y  A  P  C  G  L  X  U
```

PRÂNZ	JOCURI
INVITAŢIE	LEGUME
COPII	SOS
CUŢITE	MUZICĂ
FAMILIE	PIPER
FOAME	FIERBINTE
PUI	SARE
FRUCT	SALATE
GRĂTAR	ROSII
CINA	VARĂ

4 - Pesca

```
U M Z S W R N Q O R G A S B M
P N A K V S T O C Ă M U Â R O
S L A P Ă Ţ A L E B V E G A M
E R A O I P I R A D P C R N E
S A M J M F X M N A L H E H A
Q T B C Ă C S Z C R E I U I L
G Ă C L A F E S Â E X P T I Ă
C C V P M S Z F R D A A A I M
M U C O Ş G O V L S G M T N R
B B K Ţ N U N B I O E E E M Â
S A V C M O H K G R R N G Y S
I H R X T V G O X T A T D H G
W K J C P L Q F C G R B U V I
A K I C Ă F A Z H T E H U M R
X M Z J Z F J C T D V V I F N
```

APĂ   MOMEALĂ
ARIPIOARE   LAC
BARCĂ   FALCĂ
BRANHII   OCEAN
COŞ   RĂBDARE
BUCĂTAR   GREUTATE
ECHIPAMENT   PLAJĂ
EXAGERARE   RÂU
SÂRMĂ   SEZON
CÂRLIG

5 - Geologia

```
C Z B Y Q F M R Ț M K Z M C S
N A O E R O P I A T R Ă I O T
S Z V N Q S S T R A T Y N N A
A Y K E Ă I K J H Q B J E T L
R M R R R L P L A T O U R I A
E I Y Z D N A U Y R L M A N G
C A L C I U Ă R T A A F L E M
D R Ț V H S V X O A V U E N I
N A R U M E R T U C Ă N L T T
U C A L E R O Z I U N E A E E
D I U C G A N A Q W N F T Ț A
X D C A U E M Ț R A D Ț S Y V
D J Z N P X K S H C T Z I L P
S T A L A C T I T I U S R G N
T F W L R C C Q S I C P C Y J
```

ACID	FOSIL
STRAT	LAVĂ
CAVERNĂ	MINERALE
CALCIU	PIATRĂ
CONTINENT	PLATOU
CORAL	CUARȚ
CRISTALE	SARE
EROZIUNE	CUTREMUR
STALACTIT	VULCAN
STALAGMITE	ZONĂ

6 - Ética

```
P Y B U R Y X C T C R U R V D
I X Ț Z J B X I O O Ă J E A R
H T E N Ț N R S L M B N S L E
O P T I M I S M E P D K P O R
D A A L K C G G R A A U E R E
E L T M G M Q Y A S R R C I A
M T I G G Q W M N I E D T L L
N R R F B Q O H Ț U M Ț U I I
I U G E E T A Ă N U B O B S
T I E T A T I T S E N O S A M
A S T Î N Ț E L E P C I U N E
T M N D I P L O M A T I C O J
E E I F O Z O L I F H I W Z N
I N D I V I D U A L I S M E D
U M A N I T A T E Y S Ț M R Z
```

ALTRUISM	INTEGRITATE
BUNĂTATE	OPTIMISM
COMPASIUNE	RĂBDARE
DEMNITATE	REZONABIL
DIPLOMATIC	REALISM
FILOZOFIE	RESPECTUOS
ONESTITATE	ÎNȚELEPCIUNE
UMANITATE	TOLERANȚĂ
INDIVIDUALISM	VALORI

7 - Tempo

```
A V V A D C N Q M D Q X P Î E
R C Z W K J E T H N V E W N C
L A U N A Q Z Z D G Q Ţ T A A
Ă N Â M Ă T P Ă S A E D K I L
R Z D I M I N E A Ţ Ă R O N E
L I P Z V X C Q E B Z M G T N
O U J A H E S L C Ţ A X I E D
C V N Ţ A Y D I V I I T O R A
E O N Ă M A N E I X M T A Ţ R
S V O P E I E P E C A S M C G
Z G A I S W N B R R K S Q X C
I Q P L Y N D U I T Q V O J N
Y B T C G E G O T Q D T L Z H
U S E D E C E N I U S Y Y Z F
Z H N W Z E G K Y Q O T D Y U
```

ACUM	DIMINEAŢĂ
AN	AMIAZĂ
ÎNAINTE	LUNĂ
ANUAL	MINUT
CALENDAR	CLIPĂ
DECENIU	NOAPTE
ZI	IERI
VIITOR	CEAS
AZI	SĂPTĂMÂNĂ
ORĂ	SECOL

8 - Astronomia

```
O B S E R V A T O R R M M A L
J Z Ţ M E T E O R A L O S S U
T V Ă S A O L U B E N N O T N
E C H I N O C Ţ I U C O M E A
I M D A S R E V I N U R S R C
Ţ E Q M T X A I U Ţ N T O O O
A T C H L W R D T N K S C I N
T O O L D C B P I E H A F D S
I F J Ă I C O J P A B T U Z T
V V M T Y P D B Ă H Ţ E W C E
A Z C E U Ţ S D M U Q I S L L
R H U H G B A Ă Â P C D E Ţ A
G H X C J Ă V O N R E P U S Ţ
I S J A F Q T Ă T E N A L P I
A S T R O N A U T T T K F Ţ E
```

ASTEROID
ASTRONAUT
ASTRONOM
CER
CONSTELAŢIE
COSMOS
ECLIPSĂ
ECHINOCŢIU
RACHETĂ
GRAVITAŢIE

LUNA
METEOR
NEBULOASĂ
OBSERVATOR
PLANETĂ
RADIAŢIE
SOLAR
SUPERNOVĂ
PĂMÂNT
UNIVERS

9 - Acampamento

```
E L B N P N I A D K F Ț Y J S
C A M A H A N O N Q O A C H L
U O V U L T S Q A I C J O A A
L V P Z R U E E N B M F R R C
U P A A X R C R Ț F W A T T J
N G Q V C Ă T U A A B O L Ă C
A Q Ț B Z I Ă D F O E R P E S
K B N D C O R Ă C K T M W B X
C A B I N Ă U P L Y N Ă C B H
L R F D A R T W R W U L N L P
C F E I H G N Â R F M O B Â M
P Ă L Ă R I E O N A C S R H V
I T J M Q Q V N A K C U W H U
T H W Q C W A L A Ț M B G C C
E C H I P A M E N T W X Y O N
```

ANIMALE	PĂDURE
AVENTURĂ	FOC
COPACI	INSECTĂ
BUSOLĂ	LAC
CABINĂ	LUNA
VÂNĂTOARE	HAMAC
CANOE	HARTĂ
PĂLĂRIE	MUNTE
FRÂNGHIE	NATURĂ
ECHIPAMENT	CORT

10 - Emoções

```
O Q U Z O F X J A T M A F E C
B U C U R I E Z V A Y Q E L A
O M Y U A N V F W X Y X R I L
F U R I E T S O G A R D I N M
Q A D U Y B G B W L L J C I J
R S V F D O F P D E Z E I Ș M
F I M U R A P H X R X X R T Q
Ă L A E S I T C I L P Y E E B
P J O Y T U C Ă F S I T A S U
V A O R A J Y Ă N C F U Q Y N
Y O C A N T R I S T E Ț E F Ă
R A Z E E I T A P M I S X X T
P L E N J R E Ţ H X D B B Ţ A
E X C I T A T U N I Ţ N O C T
S E N S I B I L I T A T E X E
```

BUCURIE
DRAGOSTE
EXCITAT
FERICIRE
BUNĂTATE
CALM
CONȚINUT
JENAT
FRICĂ

PACE
FURIE
RELAXAT
SATISFĂCUT
SIMPATIE
SENSIBILITATE
PLICTISEALĂ
LINIȘTE
TRISTEȚE

11 - Ficção Científica

```
C  S  S  E  R  Ț  S  Q  M  G  W  R  R  Y  X
B  Ă  E  J  G  M  P  E  L  A  M  E  N  I  C
V  S  R  K  M  O  F  I  A  L  O  C  A  R  O
B  U  P  Ț  G  Z  L  P  R  A  F  T  T  X  E
Ț  H  C  U  I  J  O  O  O  X  M  E  I  R  X
F  U  T  U  R  I  S  T  B  I  I  H  M  W  T
Q  X  F  A  J  Ț  X  S  O  E  S  N  A  J  R
G  C  L  A  T  J  R  I  Ț  I  T  O  G  P  E
L  U  M  E  N  R  W  D  I  Z  E  L  I  L  M
L  W  H  V  S  T  Ă  N  Y  U  R  O  N  A  F
C  F  F  O  C  M  A  P  C  L  I  G  A  N  O
U  T  O  P  I  E  U  S  E  I  O  I  R  E  B
J  V  A  T  O  M  I  C  T  D  S  E  Ț  T  T
E  X  P  L  O  Z  I  E  O  I  N  I  K  Ă  N
H  V  V  Ț  K  Q  P  I  C  P  C  Î  T  V  K
```

ATOMIC
CINEMA
ÎNDEPĂRTAT
DISTOPIE
EXPLOZIE
EXTREM
FANTASTIC
FOC
FUTURIST
GALAXIE

ILUZIE
IMAGINAR
CĂRȚI
MISTERIOS
LUME
ORACOL
PLANETĂ
ROBOȚI
TEHNOLOGIE
UTOPIE

12 - Mitologia

```
C T U N E T L U T Q W M C M C
Q O R Ţ E Q W E N M I K R U U
Q G M T Ă R I E G Y H O E R L
L G Z P R P U P F E Ţ E A I T
A E A I O Ă M Z Y H N L R T U
B L Z T R R Z N W T H D E O R
I O B E B E T B N I W Ţ Ă R Ă
R Z T H P G W A O Z F H V J W
I I F R I L F B M I M A G I C
N E P A G U X R B E N D T V F
T S Z O W F M A V K N I U I U
D E Z A S T R U U O L T C M P
E R O I N A J O M O N S T R U
Q F M B C P Ă R U T P Ă F B N
H U K M B B Ţ E R I R U M E N
```

ARHETIP
GELOZIE
COMPORTAMENT
CREARE
FĂPTURĂ
CULTURĂ
DEZASTRU
TĂRIE
RĂZBOINIC
EROINA

EROU
NEMURIRE
LABIRINT
LEGENDĂ
MAGIC
MONSTRU
MURITOR
FULGER
TUNET

13 - Medições

```
V E H D S Y K O L A Q U P A I
M S K Y Q W I E K H C R Ţ O Y
Y F X V D A L Ţ N M A T I E P
M A R G U L O D M W K J T Q Ţ
I A N H C P M A R G O L I K R
N D Z X T B E I C N U G M Z H
U Â G E V E T Y B P R R E Y A
T N M M C M R K P Ţ T A T X Y
H C K I D I U E O V I D A E K
F I I Ţ P G M Z Z K L Ţ T M M
F M N L W N U A T O N Ă U I L
M E C Ă Q U L D L Q D Ţ E Ţ S
S A H N C L O U V U W B R Ă L
Y C S Î I D V W I H V V G L Q
Z O U Ă C E N T I M E T R U C
```

ÎNĂLŢIME	METRU
BYTE	MINUT
CENTIMETRU	UNCIE
LUNGIME	GREUTATE
ZECIMAL	INCH
GRAM	ADÂNCIME
GRAD	KILOGRAM
LĂŢIME	KILOMETRU
LITRU	TONĂ
MASĂ	VOLUM

14 - Álgebra

```
S  I  M  P  L  I  F  I  C  A  W  T  Q  I  H
C  L  L  Ț  E  W  Q  L  L  N  H  O  C  N  P
F  R  Y  A  Q  Z  C  E  I  H  U  B  F  F  U
M  L  B  V  L  Z  D  C  T  N  D  K  L  I  F
R  A  G  C  K  S  L  E  R  G  I  Ț  U  N  A
Z  F  T  S  U  M  Ă  Y  I  A  R  A  Ț  I  C
C  R  N  R  D  I  A  G  R  A  M  Ă  R  T  T
A  A  E  Ă  I  P  A  R  A  N  T  E  Z  Ă  O
N  C  N  M  L  C  P  V  Q  E  X  R  S  S  R
T  Ț  O  U  O  R  E  Z  F  N  D  F  O  C  C
I  I  P  N  T  W  V  E  S  A  M  L  L  Ă  L
T  U  X  F  O  R  M  U  L  Ă  L  B  U  D  I
A  N  E  I  Ț  A  U  C  E  F  V  S  Ț  E  M
T  E  P  R  O  B  L  E  M  Ă  M  G  I  R  O
E  V  Q  N  V  A  R  I  A  B  I  L  E  E  S
```

DIAGRAMĂ
ECUAȚIE
EXPONENT
FALS
FACTOR
FORMULĂ
FRACȚIUNE
INFINIT
LINIAR
MATRICE

NUMĂR
PARANTEZĂ
PROBLEMĂ
CANTITATE
SIMPLIFICA
SOLUȚIE
SUMĂ
SCĂDERE
VARIABIL
ZERO

15 - Plantas

```
J  N  Y  B  T  E  T  C  V  S  B  A  C  Ă  K
T  E  C  Y  M  L  U  F  E  P  O  H  Y  J  L
K  O  K  Y  H  O  F  L  G  S  Y  Y  V  Z  Y
B  A  M  B  U  S  I  O  E  R  C  S  X  V  C
B  V  L  C  I  A  Ș  A  T  Ă  F  L  O  R  Ă
X  O  M  U  A  F  A  R  A  D  I  A  R  B  Ă
D  T  T  X  G  C  C  E  Ț  Ă  L  A  T  E  P
A  T  T  A  Q  M  T  B  I  C  Y  U  L  R  S
G  C  I  M  N  E  N  U  E  I  H  C  Ș  U  M
R  F  V  P  I  I  O  C  S  N  T  M  R  D  C
Ă  E  R  F  H  R  C  S  J  Ă  D  X  C  Ă  O
D  I  H  U  H  C  B  Ă  Z  N  U  R  F  P  P
I  Ț  Y  T  N  Â  M  Ă  Ș  Ă  R  G  N  Î  A
N  Ț  K  X  U  Z  F  O  A  S  A  T  Ț  V  C
Ă  R  E  D  E  I  E  Q  V  N  Q  H  Z  Ț  M
```

TUFIȘ	PĂDURE
COPAC	FRUNZĂ
BACĂ	FRUNZE
BAMBUS	IARBĂ
BOTANICĂ	IEDERĂ
CACTUS	GRĂDINĂ
FASOLE	MUȘCHI
ÎNGRĂȘĂMÂNT	PETALĂ
FLOARE	RĂDĂCINĂ
FLORĂ	VEGETAȚIE

16 - Veículos

```
A  E  L  I  C  O  P  T  E  R  M  T  R  P  J
H  M  A  U  T  O  B  U  Z  I  A  A  F  X  Q
Ț  A  B  S  F  M  I  Q  K  N  Ș  X  D  F  Y
R  E  T  U  C  S  H  Y  X  O  I  I  J  B  B
M  G  K  U  L  S  U  W  Q  I  N  H  E  O  I
A  U  N  H  I  A  C  C  O  M  Ă  S  X  M  C
N  O  I  V  A  Ă  N  A  V  A  R  A  C  M  I
V  R  R  E  T  T  C  Ț  M  C  T  S  I  O  C
E  T  A  C  R  E  F  X  Ă  E  D  Z  B  T  L
L  E  M  Z  A  H  B  A  R  C  Ă  K  J  O  E
O  M  B  P  C  C  X  H  G  D  T  U  A  R  T
P  O  U  L  T  A  K  C  O  I  E  H  U  B  Ă
E  P  S  U  O  R  B  N  C  J  V  G  L  A  P
R  P  D  T  R  Z  M  A  Z  N  A  D  K  C  E
J  N  X  Ă  V  N  H  V  C  S  N  G  A  Q  W
```

AMBULANȚĂ	PLUTĂ
AVION	SCUTER
BAC	METROU
BARCĂ	MOTOR
BICICLETĂ	AUTOBUZ
CAMION	ANVELOPE
CARAVANĂ	SUBMARIN
MAȘINĂ	TAXI
RACHETĂ	NAVETĂ
ELICOPTER	TRACTOR

17 - Engenharia

```
S  M  C  F  U  J  A  A  D  Â  N  C  I  M  E
T  A  A  P  R  J  X  M  O  T  O  R  I  N  Ă
A  Ș  L  R  T  E  Ă  D  I  A  G  R  A  M  Ă
B  I  C  O  E  C  C  T  W  Ț  D  S  M  U  S
I  N  U  P  M  O  A  A  G  B  I  T  Ă  K  T
L  Ă  L  U  A  N  R  J  R  Y  H  G  S  O  R
I  A  G  L  I  S  C  Z  F  E  C  U  U  A  U
T  E  E  S  D  T  U  N  G  H  I  Y  R  S  C
A  N  Ț  I  Q  R  D  S  Q  T  L  C  A  E  T
T  E  K  E  W  U  O  W  T  Z  Ă  D  R  R  U
E  R  N  C  U  C  O  T  V  H  W  R  E  S  R
B  G  J  P  C  Ț  K  A  O  Y  T  C  I  H  A
C  I  I  N  U  I  S  N  E  M  I  D  A  E  J
C  E  K  V  V  E  Y  E  L  Ț  R  S  P  Ț  B
D  I  S  T  R  I  B  U  Ț  I  E  R  L  A  D
```

FRECARE	ENERGIE
UNGHI	STABILITATE
CALCUL	STRUCTURA
CONSTRUCȚIE	TĂRIE
DIAGRAMĂ	LICHID
DIAMETRU	MAȘINĂ
MOTORINĂ	MĂSURARE
DIMENSIUNI	MOTOR
DISTRIBUȚIE	ADÂNCIME
AXĂ	PROPULSIE

18 - Restaurante # 2

```
E  S  V  Ă  O  D  I  F  N  W  Ţ  X  C  Z  P
C  J  Q  P  R  Â  N  Z  U  N  Y  H  H  S  V
G  H  E  A  Ţ  Ă  O  O  A  R  K  Q  E  A  G
F  C  T  N  R  W  T  I  C  S  C  U  L  R  Ţ
K  L  Ş  I  W  E  A  A  S  O  F  Ă  N  E  E
Z  S  E  C  K  T  Z  U  L  S  U  H  E  A  L
F  D  P  L  E  G  U  M  E  A  X  Ă  R  P  I
B  Ă  U  T  U  R  Ă  E  Ţ  B  S  Q  Q  E  N
D  P  I  C  S  U  P  Ă  S  S  O  C  V  R  G
Ţ  G  N  U  Ţ  R  U  O  X  P  I  V  L  I  U
U  T  F  R  Y  E  Q  E  M  F  C  S  G  T  R
N  O  E  F  Q  T  F  J  Q  Ţ  I  V  F  I  Ă
B  G  A  Z  U  O  O  T  R  I  L  Z  S  V  C
M  E  Ţ  P  B  R  C  E  N  M  E  R  B  J  C
X  B  D  Z  E  T  N  E  M  I  D  N  O  C  A
```

PRÂNZ	CHELNER
APERITIV	FURCĂ
APĂ	GHEAȚĂ
BĂUTURĂ	CINA
TORT	LEGUME
SCAUN	OUĂ
LINGURĂ	PEŞTE
DELICIOS	SARE
CONDIMENTE	SALATĂ
FRUCT	SUPĂ

19 - Países #2

```
W E J R G J G D K L O J W S F
X A A U U G A N D A A O Ţ O R
G Ţ M S O N O W T B E O N M A
Z A A I A L B A N I A G S A N
E X I A D A N E M A R C A L Ţ
M O C N R H U I H U O O A I A
L N A Y E N A N I A R C U A N
N Z X N X C Q I N I G E R I A
J A P O N I A T Z A G G A C T
A H N T Z M Y I N E P A L E S
N U D L X E D A A D N A L R I
S I R I A X E H B C I O X G K
A Q D N R I I U I F B D D U A
D J G G D C C I L H L M D N P
N H A R Z F J M J M B P Q T I
```

ALBANIA
DANEMARCA
FRANŢA
GRECIA
HAITI
INDONEZIA
IRLANDA
JAMAICA
JAPONIA
LAOS

LIBAN
MEXIC
NEPAL
NIGERIA
PAKISTAN
RUSIA
SIRIA
SOMALIA
UCRAINA
UGANDA

20 - Cozinha

```
C C F N Q N F U H T E X G C S
E O U P Q A Y H U D G Z C U B
A Ţ R O Ş Z R E Ţ E T Ă O Ţ G
I G C B E Ţ I Ş O A R E N I B
N R I V O U Z T Z R Q T G T O
I Ă K Q L C V E P P M E E E R
C T P C I N O L O P F R L Ş C
E A N U U L M P T F N U A E A
Ţ R X P D L I J N B M B T R N
C W S T Ţ G C N G T A Q O V J
F U N O R E D I G I R F R E N
W F P R O I V T O U U Q S Ţ C
K N N E C X Ţ L D R R G L E Q
C O N D I M E N T E H I V L F
U K C A S T R O N K E B M X J
```

ŞORŢ	FURCI
CEAINIC	FRIGIDER
LINGURI	GRĂTAR
POLONIC	ŞERVEŢEL
CUPE	BORCAN
CONDIMENTE	ULCIOR
BURETE	BEŢIŞOARE
CUŢITE	REŢETĂ
CUPTOR	CASTRON
CONGELATOR	

21 - Material de Arte

```
I  E  Y  U  P  S  B  Ș  T  F  E  B  F  H  C
G  D  B  R  I  A  P  L  E  B  A  T  Q  Â  E
R  Q  G  W  C  F  S  L  Ă  V  F  E  F  R  R
P  E  R  I  I  J  F  T  R  R  A  E  Ţ  T  N
D  U  T  B  P  M  C  C  E  C  K  L  T  I  E
L  H  H  U  I  B  U  R  I  L  H  W  E  E  A
A  C  R  I  L  I  C  P  D  Ţ  U  O  B  T  L
Q  B  M  C  R  E  I  O  A  N  E  R  D  O  Ă
I  E  H  T  U  L  P  A  R  H  M  Q  I  H  R
N  E  K  S  Ţ  U  Z  E  L  E  R  A  U  C  A
C  Ă  R  B  U  N  E  E  Ţ  W  M  P  S  Y  Ţ
C  U  L  O  R  I  O  R  J  B  M  Ă  C  S  X
C  R  E  A  T  I  V  I  T  A  T  E  A  R  X
A  P  A  R  A  T  F  O  T  O  S  K  U  Y  T
V  O  P  S  E  L  E  W  E  J  H  Ţ  N  E  D
```

ACRILIC
RADIERĂ
ACUARELE
LUT
APĂ
SCAUN
CĂRBUNE
ȘEVALET
APARAT FOTO
LIPICI

CULORI
CREATIVITATE
PERII
CREIOANE
TABEL
ULEI
HÂRTIE
PASTELURI
CERNEALĂ
VOPSELE

22 - Números

```
C  Q  Z  D  Ș  U  R  F  D  C  N  P  U  N  U
O  I  N  E  X  A  I  Ț  O  I  E  A  D  Y  R
Z  Ş  N  E  C  I  S  T  U  N  C  I  O  D  T
E  A  I  C  G  E  Z  E  Ă  C  E  S  I  Z  A
C  I  D  E  I  R  F  K  Z  I  Z  P  S  E  P
I  S  E  Z  Y  S  D  R  E  I  E  R  P  R  P
M  P  W  E  K  M  P  M  C  F  R  E  R  O  A
A  R  G  R  W  B  L  R  I  A  P  Z  E  L  L
L  E  T  P  A  Ș  I  T  E  A  S  E  Z  Y  F
C  Z  W  S  G  H  D  F  R  Z  I  C  E  N  U
G  E  P  T  X  B  Q  A  T  J  E  E  C  N  A
L  C  U  P  O  J  K  V  H  H  R  C  E  O  I
D  E  X  O  P  F  Ț  X  J  H  T  V  E  U  W
H  G  I  K  T  V  U  J  K  P  F  T  E  Ă  A
Ș  A  P  T  E  S  P  R  E  Z  E  C  E  B  A
```

CINCI   PAISPREZECE
ZECIMAL   PATRU
ZECE   CINCISPREZECE
ŞAISPREZECE   ȘASE
ŞAPTESPREZECE   ȘAPTE
OPTSPREZECE   TREISPREZECE
DOI   TREI
DOISPREZECE   UNU
NOUĂ   DOUĂZECI
OPT   ZERO

23 - Física

```
M  C  C  M  N  U  C  L  E  A  R  E  H  N  M
O  R  H  Y  A  K  Ă  L  U  M  R  O  F  R  O
T  H  E  Y  T  G  Ț  I  S  Y  B  V  A  E  L
O  W  T  K  W  E  N  U  I  S  N  A  P  X  E
R  Ț  A  T  O  M  E  E  B  Z  M  A  S  Ă  C
R  E  T  A  T  I  V  I  T  A  L  E  R  C  U
W  D  I  C  V  Ă  C  Ț  C  I  E  T  F  H  L
E  J  S  I  Ț  L  E  A  O  A  S  B  R  I  Ă
V  L  N  N  J  U  R  T  G  A  Z  M  I  M  C
W  L  E  A  P  C  F  I  N  R  P  U  A  I  Z
K  D  D  C  V  I  T  V  G  I  L  W  Y  C  G
X  N  O  E  T  T  L  A  S  R  E  V  I  N  U
Z  U  L  M  E  R  A  R  E  L  E  C  C  A  B
P  L  S  B  C  A  O  G  U  X  K  Ț  C  D  T
L  V  Z  C  S  P  E  N  H  A  O  S  E  G  X
```

ACCELERARE	MAGNETISM
ATOM	MASĂ
HAOS	MECANICA
DENSITATE	MOLECULĂ
ELECTRON	MOTOR
EXPANSIUNE	NUCLEAR
FORMULĂ	PARTICULĂ
FRECVENȚĂ	CHIMIC
GAZ	RELATIVITATE
GRAVITAȚIE	UNIVERSAL

24 - Especiarias

```
V  F  R  S  G  N  U  R  D  N  A  I  R  O  C
I  E  Z  C  K  F  X  D  G  F  R  A  M  A  A
V  N  A  O  T  N  S  U  B  T  O  I  X  E  Z
A  I  F  R  D  O  D  N  O  I  M  I  H  C  K
J  C  S  Ț  C  V  Ţ  M  A  D  Ă  R  M  L  W
B  U  W  I  O  U  M  C  J  Z  P  T  L  U  G
E  L  Q  Ș  Y  W  Ă  P  A  E  C  I  C  D  B
L  N  U  O  P  S  R  G  U  C  A  P  E  Y
V  K  Y  A  L  A  A  Y  S  I  D  N  P  E  H
C  A  Y  R  I  R  O  V  T  B  F  A  U  I  R
V  N  N  Ă  X  E  Ş  V  U  M  X  R  M  D  Ţ
O  G  O  I  M  E  C  H  R  I  O  F  U  O  V
Q  W  L  D  L  V  U  F  O  H  O  O  B  Z  M
C  U  R  R  Y  I  N  U  I  G  N  Ș  O  S  C
A  N  A  S  O  N  E  C  L  U  D  N  M  E  L
```

ȘOFRAN	CEAPĂ
LEMN DULCE	CORIANDRU
USTUROI	CHIMION
AMAR	DULCE
ANASON	FENICUL
ACRU	GHIMBIR
VANILIE	NUCȘOARĂ
SCORȚIȘOARĂ	PIPER
CARDAMOM	AROMĂ
CURRY	SARE

25 - Países #1

```
A  A  F  I  N  L  A  N  D  A  I  U  Z  C  C
M  A  L  I  L  X  Y  S  P  W  F  E  W  A  A
F  C  J  T  T  J  Z  U  P  A  F  Y  E  N  M
C  A  V  F  Y  M  T  E  K  A  N  B  T  A  B
N  I  C  A  R  A  G  U  A  X  N  A  A  D  O
W  G  I  I  S  O  G  G  R  H  M  I  M  A  D
M  E  S  L  E  I  D  W  I  T  P  L  A  A  G
A  V  R  A  N  C  R  A  I  D  N  I  R  I  I
R  R  A  T  E  D  A  I  U  W  H  Z  U  N  A
O  O  E  I  G  T  H  N  C  C  A  E  O  Y
C  N  L  C  A  M  A  A  X  S  E  R  E  L  Z
X  C  G  M  L  F  T  M  V  Z  C  B  G  O  N
L  D  Y  J  I  B  H  R  M  Y  M  P  I  P  X
H  C  A  L  E  U  Z  E  N  E  V  F  P  Q  X
J  N  O  E  G  D  I  G  S  A  C  V  T  H  K
```

GERMANIA

BRAZILIA

CAMBODGIA

CANADA

EGIPT

ECUADOR

SPANIA

FINLANDA

IRAK

ISRAEL

ITALIA

INDIA

MALI

MAROC

NICARAGUA

NORVEGIA

PANAMA

POLONIA

SENEGAL

VENEZUELA

26 - A Mídia

```
G A K E D I Y L O N L I N E E
D O W I O K T A F Q D P D L D
L I R E Ț E A U R A O V M O I
O D G A Ț D A D E S P U A F Ț
C A D I E N I I G E J T G O I
A R V Y T E C V U A J W E T E
L O K T A A C I L B U P I O I
H C Ț Y C H L D A C X U Ț G N
Q G J F I N A N Ț A R E A R D
T I F E R A C I N U M O C A U
O P I N I E H P H I T Q U F S
M M X W E I A G R D U P D I T
A T I T U D I N I E R U E I R
C O M E R C I A L M S R G D I
I N T E L E C T U A L Ă C J E
```

ATITUDINI	INDUSTRIE
COMERCIAL	INTELECTUAL
COMUNICARE	PRESĂ
DIGITAL	LOCAL
EDIȚIE	ONLINE
EDUCAȚIE	OPINIE
FAPTE	PUBLIC
FINANȚAREA	RADIO
FOTOGRAFII	REȚEA
INDIVIDUAL	

27 - Casa

```
T  T  U  S  M  Ţ  K  F  M  P  T  S  C  C  I
Y  J  O  N  A  V  A  T  C  J  Q  W  F  Y  D
C  D  C  W  N  Ă  R  T  S  A  E  R  E  F  C
D  H  S  O  S  D  N  Ţ  W  R  M  U  J  P  W
O  T  E  Q  A  N  L  S  V  A  O  E  M  B  Y
Y  X  Y  I  R  I  T  Y  L  G  E  D  R  A  G
S  F  L  L  D  L  M  Ă  T  U  R  Ă  O  Ă  R
P  S  H  D  Ă  G  E  B  W  M  S  L  V  S  G
Ţ  E  U  Ş  Ă  O  Y  T  E  N  I  B  O  R  R
Q  T  R  B  U  C  Ă  T  Ă  R  I  E  C  D  Ă
A  E  G  D  B  I  B  L  I  O  T  E  C  Ă  D
E  R  B  K  E  M  O  B  I  L  I  E  R  R  I
E  E  R  V  M  L  F  B  S  D  U  Ş  S  T  N
M  P  H  Q  Y  B  E  G  E  L  I  V  P  A  Ă
S  L  A  V  E  G  Ţ  A  I  G  L  Y  P  V  A
```

BIBLIOTECĂ	VATRĂ
GARD	MOBILIER
CHEI	PERETE
DUŞ	UŞĂ
PERDELE	CAMERĂ
BUCĂTĂRIE	MANSARDĂ
OGLINDĂ	COVOR
GARAJ	TAVAN
FEREASTRĂ	ROBINET
GRĂDINĂ	MĂTURĂ

28 - Vegetais

```
G U S P A N A C N W Ţ Ă L C L
H S G R M K V L A R C T U E Q
I T E Ţ M Ţ A V P E R Ă Z A M
M U R Y E R A N I H G N A P Ţ
B R C H Ş L J V F L Z Â L Ă V
I O U K F A I B R B P V N C D
R I M N I X L N E H G W Ţ R X
S V V S Y V T O Ă H Y T V E F
C A E L V O D B T V J U Q P I
M I L O C C O R B Ă X P H U O
O L F A Z I S X E H C I D I R
R P F O T R A C O Z Y F X C Q
C D W Q T Ă P Ă T R U N J E L
O C A S T R A V E T E I Ş O R
V S O O Y E V X L V O G P F O
```

DOVLEAC
ŢELINĂ
ANGHINARE
USTUROI
CARTOF
VÂNĂTĂ
BROCCOLI
CEAPĂ
MORCOV
ŞALOTĂ

CIUPERCĂ
MAZĂRE
SPANAC
GHIMBIR
NAP
CASTRAVETE
RIDICHE
SALATĂ
PĂTRUNJEL
ROŞIE

29 - Balé

```
D A Y G B C G Q J S R Ţ M P O
P P T W A C O R J Q I N U R R
Q L E Ţ L I O M A J T Z Z A C
Y A H S E T T R P Ţ M R I C H
N U N H R S N R E O I A C T E
E Z I Q I I E W R G Z O Ă I S
I E C S N T U J A S R I S C T
Ţ A Ă P Ă R Y X N V L A T Ă R
I H V L R A X F Â L F A F O Ă
T P U B L I C F M Y W S Y I R
E X P R E S I V E L F O X V E
P B J W K O P T D K H L I T S
E O I R O T A S N A D O A U N
R B C X J E F E Î K X K C L H
G Q J V S O K G Y M I V M E F
```

APLAUZE
ARTISTIC
BALERINĂ
COMPOZITOR
COREGRAFIE
DANSATORI
REPETIŢIE
STIL
EXPRESIV
GEST

GRAŢIOS
ÎNDEMÂNARE
MUZICĂ
ORCHESTRĂ
PRACTICĂ
PUBLIC
RITM
SOLO
TEHNICĂ

30 - Adjetivos #1

```
M P R M N X I G O G O Q M V W
I E Î V A L O R O S E R U D K
S R N R E D O M G E N E R O S
T F C I T N E D I U W A E A O
E E E R A M Z I R Y A F C Q I
R C T U L O S B A G F Z N X R
I T Î N T U N E R I C B I K E
O N T D B E I Z U T K C S E S
S A E V E R M A R O M A T R Z
K T X W K G E A T R A C T I V
R R O D S R N I D R S E R Ţ P
G O T Ţ R M S P S R N V N B W
Y P I E A K T Q J K B Q C U H
J M C I T S I T R A Ţ E G S B
V I J O P M U T E S Y K Z N O
```

ABSOLUT	SINCER
AROMAT	IDENTIC
ARTISTIC	IMPORTANT
ATRACTIV	ÎNCET
IMENS	MISTERIOS
ÎNTUNERIC	MODERN
EXOTIC	PERFECT
SUBŢIRE	GREU
GENEROS	SERIOS
MARE	VALOROS

31 - Psicologia

```
B W Z A D U P Q Q M Z I S T E
A F Q Ţ E Ţ N E U L F N I E V
C O N F L I C T R L Z W X R A
V I S E P E A K S C J F S A L
W E H L T L X R T Ţ E R O P U
C C L I N I C P E D Z P W I A
P O F O Y I H E E D C X Ţ E R
R W P N H G L E C R M S X I E
O K Q I Z D T G A I I Ţ O M E
B Ţ L O L C D O A S J E C P G
L N F U K Ă N E I Ţ A Z N E S
E E R A M A R G O R P J I Ţ A
M B X Y C S Y I R U D N Â G E
Ă E T A T I L A E R V T D J X
C O M P O R T A M E N T M E D
```

EVALUARE
CLINIC
COMPORTAMENT
PROGRAMARE
CONFLICT
EGO
EMOŢII
EXPERIENŢE
COPILĂRIE

INFLUENŢE
GÂNDURI
PERCEPŢIE
PROBLEMĂ
REALITATE
SENZAŢIE
VISE
TERAPIE

32 - Paisagens

```
P  I  F  V  I  V  G  A  P  C  H  E  F  N  V
Z  D  C  O  A  W  Ţ  I  J  Z  J  R  J  Q  E
M  F  C  A  L  C  U  S  P  E  Ș  T  E  R  Ă
G  L  N  Z  R  Q  R  B  Ţ  Y  P  Y  K  J  M
A  O  A  Ă  Â  Q  Y  E  G  H  E  Ţ  A  R  Q
M  G  L  Ș  U  M  N  R  O  B  J  Z  K  S  P
M  D  J  O  T  N  B  G  E  W  N  Y  Z  S  E
V  A  Ă  M  R  I  N  U  N  D  B  V  S  Z  N
U  Ţ  R  L  E  Ţ  N  L  I  K  F  Ţ  D  X  I
L  H  D  E  Ș  O  A  Ă  D  A  C  S  A  C  N
C  C  N  L  E  K  E  J  U  D  E  A  L  N  S
A  F  U  A  D  J  C  A  M  G  P  T  F  T  U
N  I  T  V  U  W  O  L  Ă  L  U  S  N  I  L
N  H  A  I  A  R  M  P  V  L  Ţ  B  W  U  Ă
V  Z  S  T  Y  C  K  Q  V  R  A  A  X  I  M
```

CASCADĂ   MUNTE
PEȘTERĂ   OAZĂ
DEAL   OCEAN
DEȘERT   MLAȘTINĂ
GHEŢAR   PENINSULĂ
GOLF   PLAJĂ
AISBERG   RÂU
INSULĂ   TUNDRĂ
LAC   VALE
MARE   VULCAN

33 - Dança

```
J  I  N  G  D  F  H  P  R  O  C  M  W  V  P
E  I  M  E  D  A  C  A  E  R  M  U  F  M  O
C  I  S  A  L  C  K  R  I  R  L  Z  T  D  S
I  U  V  L  A  Z  Y  T  Ţ  R  A  I  J  X  T
T  C  L  E  O  R  T  E  A  E  N  C  M  K  U
K  Z  M  T  S  G  D  N  R  P  O  Ă  Ș  E  R
A  R  T  Ă  U  E  V  E  G  E  I  L  O  I  Ă
Y  N  M  K  A  R  L  R  N  T  Ţ  I  R  Ţ  M
W  Ţ  D  R  Y  K  Ă  S  V  I  I  H  A  O  G
E  X  P  R  E  S  I  V  E  Ţ  D  P  Ţ  M  P
F  Z  P  D  S  D  K  D  Q  I  A  Y  J  E  X
Z  D  Q  S  D  W  F  O  J  E  R  R  I  T  M
C  O  R  E  G  R  A  F  I  E  T  B  Ţ  C  W
C  U  L  T  U  R  A  L  V  I  Z  U  A  L  M
C  O  U  H  R  P  W  A  O  V  X  Y  L  K  T
```

ACADEMIE	EXPRESIV
VESEL	GRAŢIE
ARTĂ	MIȘCARE
CLASIC	MUZICĂ
COREGRAFIE	PARTENER
CORP	POSTURĂ
CULTURĂ	RITM
CULTURAL	TRADIŢIONAL
EMOŢIE	VIZUAL
REPETIŢIE	

34 - Nutrição

```
X  E  R  C  C  O  M  E  S  T  I  B  I  L  P
B  B  G  Ă  A  N  U  T  R  I  E  N  T  D  R
N  O  H  N  I  L  S  W  D  S  R  Z  I  I  O
T  O  X  I  N  Ă  O  G  A  O  U  Ţ  G  G  T
Ţ  P  E  M  J  T  T  R  R  S  T  A  H  E  E
L  F  F  A  G  E  Ă  A  I  E  J  I  W  S  I
Ţ  J  X  T  M  I  N  M  D  I  U  H  P  T  N
A  E  A  I  G  D  Ă  A  N  Q  P  T  E  I  E
G  P  G  V  J  Q  S  V  J  R  V  S  A  E  O
L  F  E  L  I  C  H  I  D  E  N  L  Ţ  T  X
U  B  Ţ  T  A  R  B  I  L  I  H  C  E  A  E
C  U  L  Y  I  S  Ă  N  Ă  T  A  T  E  R  D
I  J  E  G  H  T  W  C  C  B  M  Y  E  O  V
D  F  E  R  M  E  N  T  A  Ţ  I  E  X  M  O
E  P  I  C  A  L  I  T  A  T  E  Z  E  Ă  A
```

AMAR
APETIT
CALORII
GLUCIDE
COMESTIBIL
DIETĂ
DIGESTIE
ECHILIBRAT
FERMENTAŢIE
LICHIDE

SOS
NUTRIENT
GREUTATE
PROTEINE
CALITATE
AROMĂ
SĂNĂTOS
SĂNĂTATE
TOXINĂ
VITAMINĂ

35 - Energia

```
C  T  R  F  S  N  O  B  R  A  C  L  N  P  H
O  Ţ  E  G  E  M  U  P  O  L  U  A  R  E  L
M  R  G  M  J  X  E  C  A  D  M  S  H  W  U
B  Ă  E  R  A  O  S  D  L  B  W  O  I  C  C
U  E  N  E  D  M  Ţ  E  I  E  N  P  D  A  Ă
S  N  E  I  R  E  T  A  B  U  A  E  R  T  L
T  T  R  R  Z  P  S  D  F  Ţ  J  R  O  P  D
I  R  A  T  T  N  Â  V  O  H  W  O  G  E  U
B  O  B  S  F  G  E  I  T  A  W  T  E  L  R
I  P  I  U  P  Ţ  T  B  O  H  V  O  N  E  Ă
L  I  L  D  Y  Q  Y  U  N  F  K  M  O  C  Ţ
A  E  E  N  M  O  T  O  R  I  N  Ă  K  T  B
C  K  C  I  R  T  C  E  L  E  O  E  I  R  M
M  J  O  F  M  E  U  W  B  D  A  S  W  O  A
T  T  U  R  B  I  N  Ă  S  I  E  P  M  N  Ţ
```

MEDIU	BENZINĂ
BATERIE	HIDROGEN
CĂLDURĂ	INDUSTRIE
CARBON	MOTOR
COMBUSTIBIL	NUCLEAR
MOTORINĂ	POLUARE
ELECTRIC	REGENERABILE
ELECTRON	SOARE
ENTROPIE	TURBINĂ
FOTON	VÂNT

36 - Disciplinas Científicas

```
F  I  Z  I  O  L  O  G  I  E  M  W  K  V  Z
A  R  H  E  O  L  O  G  I  E  K  J  Q  D  L
E  E  I  M  I  H  C  O  I  B  K  S  Y  N  S
L  I  N  G  V  I  S  T  I  C  Ă  B  Z  D  Q
I  P  M  C  C  E  I  G  O  L  O  I  C  O  S
M  A  B  O  E  I  G  O  L  O  R  U  E  N  U
U  R  I  A  N  G  B  G  L  O  N  A  E  A  I
N  E  O  N  Z  O  Y  B  O  T  A  N  I  C  Ă
O  T  L  A  O  L  R  T  I  K  J  U  G  Z  K
L  O  O  T  O  A  C  T  V  I  N  B  O  Q  J
O  T  G  O  L  R  H  T  S  R  A  S  L  J  K
G  E  I  M  O  E  I  G  L  A  V  I  O  K  Y
I  N  E  I  G  N  M  G  O  O  I  L  E  S  K
E  I  G  E  I  I  I  H  H  G  Q  H  G  T  Q
H  K  N  H  E  M  E  I  G  O  L  O  C  E  X
```

ANATOMIE	GEOLOGIE
ARHEOLOGIE	IMUNOLOGIE
ASTRONOMIE	LINGVISTICĂ
BIOLOGIE	MINERALOGIE
BIOCHIMIE	NEUROLOGIE
BOTANICĂ	CHIMIE
KINETOTERAPIE	SOCIOLOGIE
ECOLOGIE	ZOOLOGIE
FIZIOLOGIE	

37 - Meditação

```
Z E P B Ă R U T S O P S L Z B
K N L T B K S P Y Z E H P A U
N N Z T S W Z Q E C R Ţ N I N
Z C Ă R U T A N I T S S A W Ă
S O Ţ O H K E B Ţ K P E F E T
U B N X Z J R G N I E S R D A
R I I E R A T P E C C A E D T
M C T E M V J E T B T B R C E
U E Ș W S O E T A T I R A L C
Z I O R O Y Ţ N W P V Ţ C A T
I U N P A C E I M E Ă S Ș T Ă
C R U T B U J M I R P O I N C
Ă I C O M P A S I U N E M E E
V N E O B S E R V A R E N M R
W I R U D N Â G W E F B T J E
```

ACCEPTARE
TREAZ
ATENȚIE
BUNĂTATE
CLARITATE
COMPASIUNE
EMOȚII
RECUNOȘTINȚĂ
OBICEIURI
MENTAL

MINTE
MIȘCARE
MUZICĂ
NATURĂ
OBSERVARE
PACE
GÂNDURI
PERSPECTIVĂ
POSTURĂ
TĂCERE

38 - Artes Visuais

```
P S C U L P T U R Ă M P D F E
A E N U B R Ă C Q T A I H I D
R Ă R E P O D O P A C C A L A
H C C S P O E Y I V C T R M F
I I U Z P O E Ţ H K I U T J O
T M T Ă T E R C I L O R I F T
E A G W Q R C T U S Ţ A S R O
C R T I J D A T R C K Q T I G
T E J G A C R E I E T N V V R
U C C D G G G L N V T F Y W A
R R E R X B I A T B Ă P I X F
Ă H R B E P L V C E A R Ă L I
B G L B R I Ă E Z W E R J A E
H O J L C H O Ș H K C V J C Z
M I V P N P Y N S X Q R H U W
```

ARGILĂ
ARHITECTURĂ
ARTIST
PIX
CĂRBUNE
ȘEVALET
CEARĂ
CERAMICĂ
SCULPTURĂ

FILM
FOTOGRAFIE
CRETĂ
CREION
CAPODOPERĂ
PERSPECTIVĂ
PICTURA
PORTRET
LAC

39 - Moda

```
M  Q  Z  C  Ţ  Y  V  T  F  M  S  C  U  M  P
O  U  B  B  I  P  A  D  C  I  T  U  B  O  E
D  G  L  U  Q  Y  T  L  A  N  I  G  I  R  O
E  K  B  C  T  Q  L  I  B  I  S  E  C  C  A
R  L  E  D  M  O  I  T  R  M  R  M  I  D  F
N  D  L  K  X  B  A  S  S  A  J  O  T  I  K
E  L  E  G  A  N  T  N  C  L  W  S  C  R  M
T  T  E  X  T  U  R  Ă  E  I  Y  C  A  S  O
J  E  Q  L  C  C  W  K  E  S  Q  B  R  D  D
S  P  N  P  X  C  J  H  I  T  L  D  P  Ţ  E
N  I  N  D  M  Ă  S  U  R  Ă  T  O  R  I  S
J  G  M  S  I  B  R  O  D  E  R  I  E  V  T
K  B  Z  P  C  N  Ţ  E  S  Ă  T  U  R  Ă  U
C  Ţ  Ţ  P  L  Ţ  Ţ  B  R  B  W  J  Z  Ţ  T
P  Ţ  V  W  D  U  F  Ă  L  E  T  N  A  D  P
```

ACCESIBIL
BRODERIE
BUTOANE
BUTIC
SCUMP
ELEGANT
STIL
MĂSURĂTORI
MINIMALIST

MODERN
MODEST
ORIGINAL
PRACTIC
DANTELĂ
SIMPLU
ŢESĂTURĂ
TENDINŢĂ
TEXTURĂ

40 - Instrumentos Musicais

```
E W O I Y L R S F J F V Ţ L Ă
V F Q G X F F A A A H M Ţ K N
O V U W O E L X L G G W S G I
T E Q C W N A O Z X Y O Z H R
Q B A N J O U F P I A N T M U
B C S B X M T O X O F N G T B
T L A W M R Ă N I L O D N A M
O A M U Z I C U Ţ Ă H B Y G A
B R C H K O R T H R O A Ă Z T
Ă I R Z F B F A C A D A R E X
M N O B M O R T M T V N A P C
D E I Ţ U C R E P I G L O R Ă
Ă T E P M O R T Y H A Z I I Q
G O N G T O F Ţ U C X K V K Y
V I O L O N C E L U T X G J C
```

MANDOLINĂ	TAMBURINĂ
BANJO	PERCUŢIE
CLARINET	PIAN
FAGOT	SAXOFON
FLAUT	TOBĂ
MUZICUŢĂ	TROMBON
GONG	TROMPETĂ
HARPĂ	CHITARĂ
MARIMBA	VIOARĂ
OBOI	VIOLONCEL

41 - Adjetivos #2

```
J G Ţ E J C L A M R O N B U I
O G E I L S A Y Q Â N O U B P
Q I M D V E U M W B N D T O R
S W A T G R G R O N S D I V O
C R E A T I V A Q H Ţ R R U D
U N B C M F K U N Y V T G U U
Y C V S H N G M T T O N Y L C
L N Ţ U C I T N E T U A X S T
D S D J X V T A R Ă S S D Ă I
P U T E R N I C L O X E A N V
C E L E B R U Y F E W R P Ă M
D E S C R I P T I V N E U T V
R E S P O N S A B I L T R O V
F I E R B I N T E F H N A S B
S Ă L B A T I C S G R I S T E
```

AUTENTIC
CREATIV
DESCRIPTIV
TALENTAT
ELEGANT
CELEBRU
PUTERNIC
INTERESANT
FIRESC
NORMAL

NOU
MÂNDRU
PRODUCTIV
PUR
FIERBINTE
RESPONSABIL
SĂRAT
SĂNĂTOS
USCAT
SĂLBATIC

42 - Roupas

```
U G B Q B Z S E I R Ă L Ă P M
V B E L K F J Q N J Y V G U O
B D J W D P K Ş O S E T E L D
L K V Q B K A K L C F C I O Ă
U F U S T A R N A F S O H V R
Z S A N D A L E T U Q L C E A
Ă B U Ţ T E S C N O K I O R Ţ
C L L J Ţ R O Ş A C F E R X Ă
X K L U S U G O P A Z R X D R
H D K X G C C S X S Ţ P X I B
A Q S A A I Ă A I P I J A M A
I Ş U N Ă M Q M C Ţ U L K Y G
N I R C A U J S A Q B E C A F
A Y L Z V B N D L Ş M Z Ţ O R
R S Ţ G Ţ J C R K T Ă Z Y Y E
```

ŞORŢ	MĂNUŞI
BLUZĂ	ŞOSETE
PANTALONI	MODĂ
CĂMAŞĂ	PIJAMA
HAINA	BRĂŢARĂ
PĂLĂRIE	FUSTA
CUREA	SANDALE
COLIER	PANTOF
SACOU	PULOVER
BLUGI	ROCHIE

43 - Herbalismo

```
A E D R E V C O I U S U B O S
Q R I W H C I F E N E B V J D
I A O Z E N M F E N I C U L U
N O R M T X B R J A R O M Ă C
G L U C A X R O V O D S O T O
R F T H T T U Z P C K A M R Ș
E V S V I R V M J L N U Q O O
D L U V L D T A R E A E T C F
I L A T A N Ț R I J R N L G R
E K Q V C T P I S N I K T I A
N Q Ț I A N T N O U H I A Ă N
T L A B Ă N I D Ă R G I E A T
T A R H O N D G I T A R W J E
W O I T X H P Ă D Ă M C P K A
C O R I A N D R U P U E O Q C
```

ȘOFRAN   GRĂDINĂ
ROZMARIN   LAVANDĂ
USTUROI   BUSUIOC
AROMAT   MAGHIRAN
BENEFIC   PLANTĂ
CORIANDRU   CALITATE
TARHON   AROMĂ
FLOARE   PĂTRUNJEL
FENICUL   CIMBRU
INGREDIENT   VERDE

44 - Arqueologia

```
O R W R W E L F I I E J Q B C
E B L O G U U D O R K Ţ Z Ţ I
V M I S Ă B U E R S Z U T A V
A O N E V V L S H I I J E W I
L R A F C Y O C L T Q L M A L
U M A O I T R E P X E R P N I
A Â N R L U E N Z A O A L T Z
R N A P E C T D E H N T U I A
E T L Q R S S E U I T A T C Ţ
J Ţ I J H O I N D N P T W H I
O L Z M H N M T L Q S U R I E
U A Ă F H U E C H I P Ă X T Y
N D S J I C Z N E R Ă B E A O
R N C E B E X M G T B J S T B
D F L I C N C O Y R B P E E F
```

ANALIZĂ
ANI
ANTICHITATE
EVALUARE
CIVILIZAŢIE
DESCENDENT
NECUNOSCUT
ECHIPĂ
ERĂ
EXPERT

UITAT
FOSIL
MISTER
OBIECTE
OASE
PROFESOR
RELICVĂ
TEMPLU
MORMÂNT

45 - Agronomia

```
E  X  O  C  V  X  Î  Ș  O  Ț  C  Q  G  U  A
C  T  T  R  S  K  N  T  F  R  X  J  X  B  R
O  P  N  A  O  J  G  I  Ț  U  G  W  Q  D  Ț
L  O  L  A  R  U  R  I  L  O  B  A  J  F  A
O  L  W  R  L  L  Ă  N  F  I  C  S  N  M  P
G  U  G  C  J  P  Ș  Ț  O  Ț  P  I  S  I  Ă
I  A  E  D  C  V  Ă  Ă  Ț  P  I  X  A  J  C
E  R  P  G  Ț  E  M  E  T  S  I  S  T  S  C
S  E  Ț  N  I  W  Â  Ț  E  J  F  C  E  J  R
L  N  N  S  E  Ț  N  I  M  E  S  W  I  F  E
L  E  P  D  Z  W  T  M  E  D  I  U  G  Y  Ș
G  Y  G  A  G  R  I  C  U  L  T  U  R  Ă  T
Z  P  Ț  U  P  R  O  D  U  C  Ț  I  E  F  E
L  X  V  G  M  P  O  A  F  S  O  L  N  J  R
I  V  B  W  K  E  N  U  I  Z  O  R  E  G  E
```

AGRICULTURĂ
MEDIU
APĂ
ȘTIINȚĂ
CREȘTERE
BOLI
ECOLOGIE
ENERGIE
EROZIUNE
ÎNGRĂȘĂMÂNT

LEGUME
ORGANIC
PLANTE
POLUARE
PRODUCȚIE
RURAL
SEMINȚE
SISTEME
SOL

46 - Frutas

```
H  M  Ţ  U  O  X  U  B  T  T  O  L  N  F  Z
G  I  I  Q  I  Ă  Z  P  A  W  R  O  B  M  M
A  N  A  N  A  S  Q  V  I  C  Z  U  L  Ă  E
S  O  W  K  B  I  Q  J  P  S  Ă  I  R  R  U
X  S  S  V  F  A  M  J  I  T  N  L  N  O  R
X  Y  O  S  K  C  B  O  E  R  A  A  E  B  Ă
P  O  N  C  K  U  F  E  R  U  N  C  C  A  D
M  A  N  G  O  F  I  G  S  G  A  O  T  V  U
B  Z  S  L  W  C  B  U  I  B  T  A  O  A
U  O  Z  E  L  O  E  L  C  R  Z  R  R  C  Y
P  A  P  A  Y  A  I  D  Ă  I  W  O  I  A  Ţ
T  B  K  I  W  I  Â  M  Ă  R  A  P  N  D  C
C  Ţ  N  R  O  X  M  S  Ţ  C  V  P  Ă  O  T
C  I  R  E  A  Ș  Ă  J  E  R  U  M  Q  X  Q
O  I  U  S  S  C  L  Y  U  B  A  N  Z  V  O
```

AVOCADO

ANANAS

MURE

BACĂ

BANANĂ

CIREAȘĂ

NUCĂ DE COCOS

CAISĂ

FIG

ZMEURĂ

KIWI

PORTOCALIU

LĂMÂIE

MĂR

PAPAYA

MANGO

NECTARINĂ

PARĂ

PIERSICĂ

STRUGURI

47 - Corpo Humano

```
I  I  N  Q  R  V  Ţ  W  C  S  X  D  G  Q  F
Ă  L  Y  C  L  I  F  R  S  A  M  V  G  X  A
N  E  V  K  Y  K  N  A  S  L  Y  Z  M  A  L
Z  V  S  W  P  C  D  H  Q  J  P  A  C  N  C
E  L  B  U  K  Ţ  J  D  O  Ă  M  I  N  I  Ă
L  H  B  R  Ă  M  U  I  C  N  H  H  E  A  R
G  F  H  E  I  F  Y  Ţ  S  Â  M  C  G  L  G
H  Â  K  C  T  V  R  N  A  M  E  O  N  N  E
B  C  T  H  I  J  P  C  N  D  C  C  Â  C  I
T  Q  R  E  R  D  O  L  P  G  I  F  S  T  B
B  H  E  G  E  N  U  N  C  H  I  R  R  P  R
T  Q  I  C  U  P  V  D  B  K  X  U  I  W  Ă
M  I  E  J  O  T  R  R  H  D  V  N  P  Ţ  B
G  U  R  Ă  J  T  E  G  E  D  B  T  L  X  C
B  T  C  P  I  C  I  O  R  E  W  E  M  X  P
```

GURĂ	OCHI
CAP	UMĂR
CREIER	URECHE
INIMĂ	PIELE
COT	PICIOR
DEGET	GÂT
GENUNCHI	BĂRBIE
FALCĂ	SÂNGE
MÂNĂ	FRUNTE
NAS	GLEZNĂ

48 - Caminhada

```
N U U Q T I J C E F D G C A P
S A G R E U U M C L L M A N R
T C T I S O B O S S O C M I E
Â I A U E L O C I R E P P M G
N Z M A R V R E M E V T I A Ă
C M I G T Ă W E C I F H N L T
Ă E L H E T N U M D B Q G E I
A F C I I R U C R A P J S H R
R P X D P A A I E G Z U O H E
P I Ă U I H G T T N E W A F A
H F G R U M Y A N T K S R Q S
Ţ W Z I S J J B Y E M S E P V
Ţ L M Ţ W Y Ţ L W Y I S Y X Ţ
M G T J J B N Ă Y H Q R K N R
B H J S W D U S B H Z V O G Ţ
```

CAMPING   ORIENTARE
ANIMALE   PARCURI
APĂ   PIETRE
CIZME   STÂNCĂ
OBOSIT   PERICOLE
CLIMAT   GREU
GHIDURI   PREGĂTIREA
HARTĂ   SĂLBATIC
MUNTE   SOARE
NATURĂ   VREME

49 - Biologia

```
Y  Ă  C  S  A  W  O  Ţ  A  D  Ţ  S  N  N  M
Z  N  A  K  P  L  S  Ţ  N  O  R  U  E  N  A
N  I  A  A  U  H  M  Q  A  U  R  L  G  M  M
X  E  X  P  B  Ă  O  L  T  L  O  I  A  U  I
X  T  R  U  E  T  Z  C  O  S  L  V  L  T  F
V  O  S  V  I  S  Ă  O  M  E  L  O  O  A  E
C  R  E  Ţ  P  F  Ţ  I  A  N  D  C  Ţ  R
J  P  Ă  Z  U  I  I  Y  E  B  U  Z  B  I  K
C  E  L  U  L  Ă  R  P  E  L  M  H  I  E  P
Ţ  X  I  O  O  M  E  S  V  O  G  I  U  M  Y
M  P  T  D  V  H  S  H  J  O  K  A  S  H  Ă
O  I  P  A  E  R  C  E  M  B  R  I  O  N  L
O  F  E  R  L  G  H  O  R  M  O  N  W  O  F
E  Z  R  Y  D  Q  R  B  A  C  T  E  R  I  I
C  R  O  M  O  Z  O  M  S  I  N  A  P  S  Ă
```

ANATOMIE	MUTAŢIE
BACTERII	FIRESC
CELULĂ	NERV
COLAGEN	NEURON
CROMOZOM	OSMOZĂ
EMBRION	PROTEINĂ
ENZIMĂ	REPTILĂ
EVOLUŢIE	SIMBIOZĂ
HORMON	SINAPSĂ
MAMIFER	

50 - Beleza

```
R  K  Q  W  F  O  T  O  G  E  N  I  C  E  V
N  U  U  A  U  L  E  I  U  R  I  I  E  L  U
J  I  J  A  I  H  C  A  M  J  F  D  U  E  T
L  D  I  F  X  F  O  A  R  F  E  C  E  G  V
J  S  E  R  V  I  C  I  I  Y  U  H  E  A  V
C  Ă  D  N  I  L  G  O  I  T  Q  K  L  N  O
G  R  A  Ţ  I  E  E  S  U  D  O  R  P  T  X
A  U  P  A  R  F  U  M  S  Ș  A  M  P  O  N
Ţ  Y  S  X  S  N  E  C  I  T  E  M  S  O  C
E  L  E  G  A  N  Ţ  Ă  B  R  I  Y  R  I  G
N  B  S  E  R  A  O  L  U  C  G  L  R  B  I
X  U  N  K  L  H  Q  V  C  N  D  V  I  L  C
K  P  I  E  L  E  F  T  L  V  O  P  E  S  A
F  M  A  C  B  Y  Ţ  U  E  L  Z  O  M  D  T
F  A  R  M  E  C  H  N  Z  J  M  A  J  L  V
```

RUJ
BUCLE
FARMEC
CULOARE
COSMETICE
ELEGANT
ELEGANŢĂ
OGLINDĂ
STILIST
FOTOGENIC

PARFUM
GRAŢIE
MACHIAJ
ULEIURI
PIELE
PRODUSE
RIMEL
SERVICII
FOARFECE
ȘAMPON

51 - Filantropia

```
P  U  V  T  G  I  I  P  O  C  I  L  B  U  P
R  M  L  B  I  R  S  W  X  V  I  Y  I  Q  W
O  A  T  L  S  E  U  T  X  A  X  T  G  D  U
V  N  S  H  A  U  I  P  O  P  V  D  E  N  D
O  I  Y  Q  Ţ  A  V  P  U  R  U  U  Q  E  V
C  T  F  O  N  D  U  R  I  R  I  K  B  T  T
Ă  A  E  M  A  R  G  O  R  P  I  E  N  A  Y
R  T  O  X  N  C  O  M  U  N  I  T  A  T  E
I  E  D  M  I  N  E  M  A  O  W  E  D  I  A
H  L  E  V  F  N  E  N  U  I  S  I  M  R  O
C  O  N  T  A  C  T  E  B  G  L  O  B  A  L
T  I  N  E  R  E  T  Ţ  Q  G  K  V  L  C  S
G  E  N  E  R  O  Z  I  T  A  T  E  M  F  D
O  B  I  E  C  T  I  V  E  L  E  N  A  D  L
O  N  E  S  T  I  T  A  T  E  G  I  E  J  H
```

CARITATE
COMUNITATE
CONTACTE
COPII
PROVOCĂRI
FINANŢA
FONDURI
GENEROZITATE
GLOBAL
GRUPURI

ISTORIE
ONESTITATE
UMANITATE
TINERET
MISIUNE
NEVOIE
OBIECTIVELE
OAMENI
PROGRAME
PUBLIC

52 - Ecologia

```
F  C  C  R  C  Q  X  C  T  S  R  V  S  P  V
A  J  L  E  I  Ț  A  T  E  G  E  V  E  L  A
U  Z  I  S  Z  G  M  Y  B  H  N  X  C  A  R
N  U  M  U  V  M  I  Q  O  Q  H  N  E  N  I
Ă  Q  A  R  S  A  M  Y  T  G  V  J  T  T  E
B  T  T  S  X  Q  D  Y  Ţ  A  Y  N  Ă  E  T
K  K  D  E  C  O  M  U  N  I  T  Ă  Ț  I  A
M  L  A  Ș  T  I  N  Ă  C  I  S  I  B  A  T
D  I  V  E  R  S  I  T  A  T  E  X  B  B  E
C  H  K  Ă  L  I  B  A  R  U  D  Ă  W  A  V
S  U  P  R  A  V  I  E  Ț  U  I  R  E  M  H
E  I  N  U  B  S  P  E  C  I  E  O  V  A  U
R  B  J  T  O  S  K  W  T  P  A  L  Z  R  J
I  H  Q  A  L  N  R  N  L  B  A  F  G  I  P
F  Y  W  N  G  G  E  T  Z  G  B  B  K  N  L
```

CLIMAT	NATURĂ
COMUNITĂȚI	MLAȘTINĂ
DIVERSITATE	PLANTE
SPECIE	RESURSE
FAUNĂ	SECETĂ
FLORĂ	SUPRAVIEȚUIRE
GLOBAL	DURABILĂ
HABITAT	VARIETATE
MARIN	VEGETAȚIE
FIRESC	

53 - Família

```
F  C  E  O  Q  E  F  W  E  R  B  Ţ  U  O  U
I  C  O  P  I  I  L  J  F  D  U  B  N  Z  L
I  C  G  Y  H  J  B  V  V  R  N  N  C  C  O
C  O  G  M  U  K  G  P  N  F  I  R  H  E  N
A  P  G  N  P  M  P  T  Q  C  C  E  I  Ţ  T
B  I  K  S  T  R  Ă  M  O  Ș  A  T  A  T  Ă
P  L  V  R  O  Ă  T  M  C  M  S  A  M  F  K
H  Ă  A  N  P  V  A  Q  A  O  Ă  M  L  A  B
I  R  S  P  E  P  O  G  H  M  P  T  D  R  M
C  I  O  J  N  M  P  J  E  I  S  I  U  Q  Q
U  E  E  Q  P  S  E  T  A  R  F  Ţ  L  Ş  A
B  X  I  U  P  C  N  R  E  T  A  P  G  B  Ă
S  O  Ţ  U  L  E  B  W  D  H  O  X  Ţ  D  Ţ
K  G  O  K  Z  U  G  O  K  H  A  F  L  F  Ţ
W  R  S  M  Z  A  A  I  S  O  R  A  E  F  K
```

STRĂMOȘ   MATERN
BUNICA   MAMĂ
COPIL   NEPOT
COPII   TATĂ
SOȚIE   PATERN
FIICA   VĂR
COPILĂRIE   NEPOATĂ
SORA   MĂTUȘĂ
FRATE   UNCHI
SOȚUL

54 - Férias #2

```
C  P  G  Y  T  U  J  R  W  G  Y  T  I  T  F
X  A  O  B  A  Ă  Ţ  E  R  A  M  R  D  I  O
C  O  M  Q  X  L  J  Z  R  W  N  A  E  M  T
K  M  R  P  I  U  A  E  E  F  Ă  N  S  P  O
K  R  S  F  I  S  Q  R  S  Y  Z  S  T  L  G
S  L  T  W  U  N  D  V  T  Q  I  P  I  I  R
W  X  Z  V  P  I  G  Ă  A  U  V  O  N  B  A
U  J  S  H  L  P  K  R  U  N  A  R  A  E  F
J  A  C  A  O  Ă  N  I  R  Ţ  C  T  Ţ  R  I
N  I  J  I  D  T  F  K  A  P  A  M  I  W  I
T  R  O  P  O  R  E  A  N  J  N  Ţ  E  B  I
W  J  E  O  Z  A  C  L  T  Q  Ţ  W  O  V  U
H  E  H  L  N  H  S  O  J  C  Ă  J  A  L  P
P  A  Ș  A  P  O  R  T  R  S  T  R  Ă  I  N
C  Ă  L  Ă  T  O  R  I  E  T  B  J  V  Y  D
```

CAMPING	MARE
AEROPORT	PAȘAPORT
DESTINAȚIE	PLAJĂ
STRĂIN	REZERVĂRI
VACANȚĂ	RESTAURANT
FOTOGRAFII	TAXI
HOTEL	CORT
INSULĂ	TRANSPORT
TIMP LIBER	CĂLĂTORIE
HARTĂ	VIZĂ

55 - Edifícios

```
L A B O R A T O R J V U E B A
E B S L P O J X H O S S E Ţ P
T A I U N L B C O R T O K R A
S X N B O V B S S M K C N P R
A M E N I C I U E Z U M S W T
C M Q S D N F R Q R Y T R N A
F K B J A R A G X N V Q Q T M
T A L A T I P S R Q M A A D E
U N B A S G W H P Ţ Z Ă T P N
R M U R T A E T G Z K L T O T
N B I K I E D H A M B A R W R
J F Q N P C Ţ Ă V N H O T E L
Q W Q N Ţ D Ă M R E F C J L S
S U P E R M A R K E T Ş W Z L
B U N I V E R S I T A T E W G
```

APARTAMENT
CASTEL
HAMBAR
CINEMA
AMBASADĂ
ŞCOALĂ
STADION
FERMĂ
FABRICĂ
GARAJ

SPITAL
HOTEL
LABORATOR
MUZEU
OBSERVATOR
SUPERMARKET
TEATRU
CORT
TURN
UNIVERSITATE

56 - Aventura

```
E  P  O  L  B  Y  Y  F  A  R  S  I  P  M  C
Ț  X  V  Ț  U  H  E  T  C  U  I  S  O  A  L
E  N  C  Z  A  T  L  M  T  J  G  L  F  W  T
S  A  P  U  E  H  D  Q  I  W  U  B  Ț  K  E
U  V  R  I  R  M  U  Z  V  Ă  R  U  T  A  N
M  I  I  T  I  S  O  P  I  S  A  V  J  V  P
U  G  E  I  T  A  I  P  T  N  N  J  F  N  E
R  A  T  N  Ă  I  A  E  A  A  Ț  N  J  E  R
F  R  E  E  G  Z  B  Q  T  Ș  Ă  P  O  Q  I
Ț  E  N  R  E  U  J  U  E  M  O  I  H  U  C
U  N  I  A  R  T  I  P  C  Z  K  D  V  N  U
E  E  C  R  P  N  Y  U  G  U  J  O  U  Q  L
W  K  G  Q  J  E  O  S  F  A  R  X  G  B  O
P  R  O  V  O  C  Ă  R  I  L  P  I  K  I  S
W  N  E  O  B  I  Ș  N  U  I  T  C  E  P  D
```

BUCURIE	NEOBIȘNUIT
PRIETENI	ITINERAR
ACTIVITATE	NATURĂ
FRUMUSEȚE	NAVIGARE
ȘANSĂ	NOU
PROVOCĂRI	PERICULOS
ENTUZIASM	PREGĂTIREA
EXCURSIE	SIGURANȚĂ

57 - Floresta Tropical

```
E  R  I  U  Ț  E  I  V  A  R  P  U  S  V  A
E  R  A  V  R  E  S  N  O  C  C  U  W  A  M
U  F  D  R  F  V  X  J  D  D  O  Z  O  L  F
E  R  L  O  M  R  J  U  C  I  Q  O  L  O  I
T  P  E  P  F  A  E  N  Y  S  G  G  H  R  B
A  N  H  F  U  X  T  G  E  I  P  E  T  O  I
T  S  F  S  U  I  A  L  I  Q  P  E  N  S  E
I  N  O  R  I  G  T  Ă  N  O  Ă  R  C  E  N
N  A  T  U  R  Ă  I  S  S  B  S  E  Z  I  I
U  G  E  G  I  S  S  U  E  O  Ă  S  E  C  E
M  A  M  I  F  E  R  E  C  T  R  P  A  L  T
O  H  X  D  H  Z  E  I  T  A  I  E  W  I  U
C  J  G  G  U  B  V  I  E  N  W  C  R  M  D
S  X  F  C  Q  A  I  A  I  I  O  T  K  A  D
F  Z  Ț  O  N  Z  D  I  H  C  Ș  U  M  T  L
```

AMFIBIENI	NATURĂ
BOTANIC	NORI
CLIMAT	PĂSĂRI
COMUNITATE	CONSERVARE
DIVERSITATE	REFUGIU
SPECIE	RESPECT
INDIGENE	JUNGLĂ
INSECTE	SUPRAVIEȚUIRE
MAMIFERE	VALOROS
MUȘCHI	

58 - Cidade

```
P  H  N  B  Q  G  F  M  A  Q  S  Ț  F  B  B
I  O  W  I  K  A  H  A  M  E  N  I  C  C  R
A  T  R  B  E  Q  L  N  R  A  R  O  L  F  U
Ț  E  H  L  B  J  H  I  M  M  A  V  C  U  T
Ă  L  B  I  Y  T  E  H  B  O  A  H  V  R  Ă
A  I  N  O  I  D  A  T  S  R  S  C  B  T  R
U  S  A  T  Ș  C  O  A  L  Ă  Ă  J  I  A  I
M  H  Y  E  S  A  L  O  N  C  H  R  B  E  E
M  U  Q  C  R  Q  I  W  D  H  I  T  I  T  B
E  Y  Z  Ă  K  Ț  A  T  R  O  P  O  R  E  A
O  U  E  E  R  E  S  T  A  U  R  A  N  T  N
G  E  L  A  U  P  Z  N  A  C  I  N  I  L  C
G  A  L  E  R  I  E  Ț  N  B  W  W  R  W  Ă
S  U  P  E  R  M  A  R  K  E  T  R  R  R  K
U  N  I  V  E  R  S  I  T  A  T  E  Z  P  B
```

AEROPORT	HOTEL
BANCĂ	LIBRĂRIE
BIBLIOTECĂ	PIAȚĂ
CINEMA	MUZEU
CLINICA	BRUTĂRIE
ȘCOALĂ	RESTAURANT
STADION	SALON
FARMACIE	SUPERMARKET
FLORAR	TEATRU
GALERIE	UNIVERSITATE

59 - Música

```
M  Ţ  C  L  C  H  J  N  V  I  A  R  B  M  C
N  V  A  Q  E  I  D  O  L  E  M  Ţ  A  U  L
O  S  C  V  V  A  T  N  Â  C  R  S  L  Z  A
D  A  I  H  S  Z  N  E  G  U  N  G  A  I  S
Z  L  Y  K  M  I  C  R  O  F  O  N  D  C  I
R  I  T  M  U  V  I  A  Y  P  F  A  Ă  A  C
C  L  G  D  B  O  N  R  C  O  R  I  R  L  R
Â  Z  H  D  L  R  S  T  B  P  L  C  E  U  Y
N  D  W  O  A  P  T  S  Z  M  R  I  P  Y  R
T  O  L  B  X  M  R  I  H  E  Y  Z  O  X  L
Ă  T  W  D  R  I  U  G  T  T  W  U  Z  H  L
R  U  H  Z  A  X  M  E  I  N  O  M  R  A  I
E  B  J  D  V  T  E  R  S  K  U  Z  L  N  R
Ţ  X  D  N  M  A  N  N  Ţ  V  O  C  A  L  I
O  L  L  I  Z  D  T  Î  V  E  N  Y  X  E  C
```

ALBUM	LIRIC
BALADĂ	MELODIE
CÂNTA	MICROFON
CÂNTĂREŢ	MUZICAL
CLASIC	MUZICIAN
COR	OPERĂ
ÎNREGISTRARE	POETIC
ARMONIE	RITM
IMPROVIZA	TEMPO
INSTRUMENT	VOCAL

60 - Matemática

```
E  I  R  T  E  M  I  S  P  A  U  P  B  J  O
V  C  Z  E  C  I  M  A  L  A  W  C  L  E  M
G  O  U  Z  W  N  R  V  J  X  R  R  Ţ  I  A
Z  D  L  A  P  H  W  B  Ţ  Y  I  A  B  R  R
V  W  S  U  Ţ  Z  K  X  I  V  H  L  L  T  G
E  R  F  V  M  I  R  U  I  H  G  N  U  E  O
Q  A  O  F  Z  O  E  Z  N  P  N  J  P  M  L
A  R  I  T  M  E  T  I  C  Ă  U  F  O  O  E
P  E  R  I  M  E  T  R  U  Z  I  V  L  E  L
X  D  X  B  P  W  B  Z  G  A  R  Ţ  I  G  A
F  R  A  C  Ţ  I  U  N  E  R  T  L  G  Ţ  R
A  D  R  E  P  T  U  N  G  H  I  C  O  J  A
S  U  M  Ă  E  X  P  O  N  E  N  T  N  P  P
W  K  J  W  V  J  S  D  I  A  M  E  T  R  U
C  I  R  C  U  M  F  E  R  I  N  Ţ  Ă  P  M
```

ARITMETICĂ	PARALELOGRAM
UNGHIURI	PERIMETRU
CIRCUMFERINŢĂ	POLIGON
ZECIMAL	RAZĂ
DIAMETRU	DREPTUNGHI
ECUAŢIE	SIMETRIE
EXPONENT	SUMĂ
FRACŢIUNE	TRIUNGHI
GEOMETRIE	VOLUM
PARALEL	

61 - Saúde e Bem Estar #1

```
F  T  P  E  M  A  O  F  D  M  M  X  H  A  V
A  R  D  I  H  E  C  U  V  X  S  W  N  M  O
R  A  B  A  E  Z  D  N  I  I  U  P  E  Ţ  X
M  T  A  N  R  L  C  I  T  E  R  A  P  I  E
A  A  C  L  A  Z  E  H  C  C  I  D  C  A  L
C  M  T  K  X  U  S  E  A  I  V  B  L  S  F
I  E  E  T  A  Z  A  P  R  B  N  Y  I  P  E
E  N  R  X  L  N  O  C  J  O  C  Ă  N  F  R
M  T  I  J  E  P  O  S  T  U  R  Ă  I  Z  O
I  C  I  Ţ  R  Z  P  N  U  G  G  O  C  K  T
Ţ  E  I  T  M  Z  U  K  E  L  E  T  A  S  C
L  M  S  P  L  Ţ  A  S  Ţ  R  Y  H  W  Q  O
Ă  R  U  T  C  A  R  F  V  C  V  R  V  V  D
N  I  X  N  I  J  H  T  P  X  A  I  C  Ţ  V
Î  K  H  O  R  M  O  N  I  Y  O  C  S  J  O
```

ÎNĂLŢIME	MEDICINĂ
ACTIV	NERVI
BACTERII	OASE
CLINICA	PIELE
DOCTOR	POSTURĂ
FARMACIE	REFLEX
FOAME	RELAXARE
FRACTURĂ	TERAPIE
OBICEI	TRATAMENT
HORMONI	VIRUS

62 - Imigração

```
K C C O M U N I C A R E S S D
N L O R E V K W F K U M T I O
A O Z P U J W W P B M K R T C
P C U E I Ț C E T O R P E U U
R U J O S I H S Y F Ț B S A M
O I R A E R A Ț N A N I F T E
B N P B C G Ț U S J H S V I N
A Ț P M O B E I Ț U L O S E T
R Ă Z I R Y E L Y T C H P O E
E P Z L P O I M I O H V G Z O
F R O N T I E R E R E Ț I F O
A D M I N I S T R A R E Z G E
N E G O C I E R E A D U L Ț I
I C S I G N K X D H W A J C E
Z J A E P U I T M A X L N U X
```

ADMINISTRARE
ADULȚI
AJUTOR
APROBARE
COMUNICARE
COPII
DOCUMENTE
STRES
FINANȚAREA
FRONTIERE

LOCUINȚĂ
LEGE
LIMBA
NEGOCIERE
OFIȚER
PROCES
PROTECȚIE
SITUATIE
SOLUȚIE

63 - Natureza

```
T  Q  I  C  K  F  D  O  D  W  Ţ  E  T  K  Q
S  L  E  Q  J  R  A  Ţ  E  H  G  T  R  F  C
O  A  E  C  N  U  N  Y  I  W  I  B  O  R  Ţ
P  T  N  O  X  N  X  L  O  Z  L  J  P  U  X
Ă  I  U  C  F  Z  D  E  Ș  E  R  T  I  M  I
D  V  I  B  T  E  L  A  M  I  N  A  C  U  K
A  R  Z  H  C  U  V  P  H  Y  Y  Ţ  A  S  O
Ă  F  O  Ţ  C  K  A  C  A  I  H  L  E  V
Ţ  K  R  M  O  W  Z  R  M  Ș  M  B  V  Ţ  G
A  B  E  E  Ţ  W  R  V  K  S  N  J  H  E  Q
E  R  U  D  Ă  P  V  N  Y  E  N  I  B  L  A
C  A  C  I  M  A  N  I  D  N  A  R  C  C  Ţ
O  B  B  T  R  Â  U  L  U  I  Q  O  J  Ă  E
U  G  U  C  I  H  Q  V  B  N  S  N  M  G  Y
K  B  X  V  D  C  S  Ă  L  B  A  T  I  C  N
```

ALBINE	GHEȚAR
ADĂPOST	CEAȚĂ
ANIMALE	NORI
ARCTIC	PAȘNICĂ
FRUMUSEȚE	RÂU
DEȘERT	SANCTUAR
DINAMIC	SĂLBATIC
EROZIUNE	SENIN
PĂDURE	TROPICAL
FRUNZE	VITAL

64 - A Empresa

```
O G C W U S P R O D U S P P B
A F A C E R I I S E R G O R P
Z R I S C U R I H T O G S E F
P R O F E S I O N A L B I Z O
R S E T A T I L A C P X B E R
E N I V E N I T U R I H I N D
P G R M U N I T Ă Ț I F L T E
U Q T E N D I N Ț E R V I A C
T Y S W R O T A V O N I T R I
A Y U Z L A B O L G W T A E Z
T O D I V B J E W J A A T X I
I D N W Z A S A B J U E E Ț E
E Q I M J P E X G A Y R P D I
H I I Ț I T S E V N I C V Ț T
T W R E S U R S E E A J A G J
```

PREZENTARE
CREATIV
DECIZIE
ANGAJARE
GLOBAL
INDUSTRIE
INOVATOR
INVESTIȚII
AFACERI
POSIBILITATE

PRODUS
PROFESIONAL
PROGRES
CALITATE
VENITURI
RESURSE
REPUTATIE
RISCURI
TENDINȚE
UNITĂȚI

65 - Doença

```
U N J D J O R A N O M L U P I
D T S M P C W L S P I M Q L M
S C Y L J T B E S A O Z U J U
W E I T A P O R U E N M W G N
E C G D S O I G A T N O C E I
L R Y A C U T I O Q Z R I B T
C O E Ă M I N I I G K D N L A
U F M D K L T I P R E N O D T
L F A B I R K E R A T I R I E
S L A B A T Ţ C N O J S C M Q
A B A T P R A B W E Ţ Y W F P
T E R A P I E R L S G M A C J
K R E S P I R A T O R I I O Y
Z Q Y Ţ Y S Ă N Ă T A T E R S
Y E C A B D O M I N A L Ţ P L
```

ABDOMINAL

ACUT

ALERGII

CONTAGIOS

INIMĂ

CORP

CRONIC

SLAB

GENETIC

EREDITAR

IMUNITATE

IRITARE

LOMBAR

NEUROPATIE

OASE

PULMONAR

RESPIRATORII

SĂNĂTATE

SINDROM

TERAPIE

66 - Aquecimento Global

```
G X W G G A Z D Z C G Ţ J Y V
E T A D A I I Ţ A L U P O P I
N B W S M T K L Q I V D V J I
E S K P P S E A F M E E M N T
R F R J B P Ţ N Ă A R Z C L O
A O G G W Q N O Ţ T N V I E R
Ţ T I F O O I I N I V O N G Z
I M F Z X Q C Ţ I H E L D I S
I W M P T R E A I V I T U S Y
T Z E U A H S N T G G A S L G
Ţ J D O C U N R Ș V R R T A K
Ă Z I R C A O E E K E E R Ţ A
C U U Y G Z C T D I N H I I U
A R C T I C O N M L E K E E U
Z V N H D W V I O V Y R I K M
```

ACUM
MEDIU
ATENŢIE
ARCTIC
OM DE ȘTIINŢĂ
CLIMAT
CONSECINŢE
CRIZĂ
DATE
DEZVOLTARE

ENERGIE
VIITOR
GAZ
GENERAŢII
GUVERN
INDUSTRIE
INTERNAŢIONAL
LEGISLAŢIE
POPULAŢII

67 - Aviões

```
A U E V D Ă Ț I A B A L O N A
P V R Ț H Ț C S T H Q E H Y L
M D E F I N E T M S H N Ț V T
T I G N L E R O O G Z Ț E M I
W R A E T L V R S U H Z W S T
J E S G C U R I F Ț P N I X U
M C A O K B R E E C T P B G D
A Ț P R M R Q Ă R Q H G L H I
X I I D W U C B Ă E Y L J U N
R E L I A T E R I Z A R E T E
Ț O O H C O M B U S T I B I L
Z I T E C H I P A J C I K C J
C O B O R Â R E M I Ț L Ă N Î
A G G D M F X Q O U M F L A L
C O N S T R U C Ț I E V E Y X
```

ALTITUDINE
ÎNĂLȚIME
AER
ATERIZARE
ATMOSFERĂ
AVENTURĂ
BALON
CER
COMBUSTIBIL
CONSTRUCȚIE

COBORÂRE
DIRECȚIE
HIDROGEN
ISTORIE
UMFLA
MOTOR
PASAGER
PILOT
ECHIPAJ
TURBULENȚĂ

68 - Tipos de Cabelo

```
H  D  N  O  L  B  A  L  N  H  W  L  L  B  Î
Ț  E  E  M  E  L  X  R  U  E  M  S  J  Y  M
N  S  G  A  H  A  S  Z  G  C  N  Ț  J  Z  P
B  J  R  R  C  K  K  Y  N  I  I  X  D  O  L
V  V  U  O  H  B  Q  Y  R  O  N  O  R  N  E
G  R  I  Î  M  P  L  E  T  I  T  T  S  D  T
W  V  D  C  U  Q  O  G  V  V  A  B  M  U  I
L  U  N  G  S  Ă  N  Ă  T  O  S  L  R  L  T
M  S  L  I  D  F  Z  H  J  U  N  C  C  A  U
M  O  A  L  E  T  A  R  O  L  O  C  F  T  R
E  R  I  Ț  B  U  S  Ț  Ț  D  I  Q  G  G  I
F  G  C  T  F  E  L  G  J  F  V  X  Y  K  O
R  R  G  R  F  K  Ț  F  V  B  A  Z  R  Ț  Ț
S  P  F  Ț  E  B  U  C  L  E  Z  K  M  Z  V
K  Q  Y  G  E  T  A  C  S  U  I  R  B  D  I
```

ALB	LUNG
LUCIOS	MARO
BUCLE	ONDULAT
CHEL	ARGINT
GRI	NEGRU
COLORATE	SĂNĂTOS
CRET	USCAT
SUBȚIRE	MOALE
GROS	ÎMPLETIT
BLOND	ÎMPLETITURI

69 - Formas

```
B G P T Ț D E N V U S C H N R
X L Y A P R C L O Ț N L U V I
I L S R Y E W I I A P P T O R
G K B C N P E F L P W W V X O
L F Y U U T A U V I S K E E V
Q P Y N B U C D D H N Ă J M H
G M K L M N F L L D O D A G P
P A R T E G O W H W C S R J R
P L M Y L H Q B E V X F F U I
Ă A G G A I N I L J S E G E S
T N Y N V O J H X Ă B R U C M
R Z J P O L I G O N C Ă N X Ă
A H I P E R B O L Ă R O E H R
T T R I U N G H I N E A L N K
Ț J P I R A M I D Ă C F P Ț I
```

ARC
COLȚ
CILINDRU
CERC
CON
CUB
CURBĂ
ELIPSĂ
SFERĂ
HIPERBOLĂ

PARTE
LINIA
OVAL
PIRAMIDĂ
POLIGON
PRISMĂ
PĂTRAT
DREPTUNGHI
TRIUNGHI

70 - Criatividade

```
Z  B  M  V  J  J  K  S  E  C  X  E  E  F  C
F  I  I  Ț  Z  A  V  E  V  I  Z  I  U  N  I
Î  L  S  M  B  E  E  N  I  T  I  S  N  A  I
D  N  U  C  Ț  Ț  I  Z  T  S  J  E  E  T  M
R  C  D  I  A  M  Ț  A  N  I  X  R  P  N  A
A  L  P  E  D  W  I  Ț  E  T  M  P  H  O  G
M  A  L  W  M  I  U  I  V  R  W  M  P  P  I
A  R  J  A  D  Â  T  E  N  A  H  I  F  S  N
T  I  O  L  M  D  N  A  I  I  Ț  O  M  E  A
I  T  Ț  Q  U  L  I  A  T  E  S  J  Q  N  Ț
C  A  I  F  F  G  W  X  R  E  W  Q  H  I  I
Ț  T  E  T  A  T  I  S  N  E  T  N  I  G  E
I  E  L  Q  R  E  X  P  R  E  S  I  E  A  E
A  U  T  E  N  T  I  C  I  T  A  T  E  M  S
I  N  S  P  I  R  A  Ț  I  E  Q  I  E  I  F
```

ARTISTIC
AUTENTICITATE
CLARITATE
DRAMATIC
EMOȚII
SPONTAN
EXPRESIE
FLUIDITATE
ÎNDEMÂNARE

IMAGINE
IMAGINAȚIE
IMPRESIE
INSPIRAȚIE
INTENSITATE
INTUIȚIE
INVENTIV
SENZAȚIE
VIZIUNI

71 - Dias e Meses

```
S A U G U S T A N D A S S M D
J E I R B M O T C O P Ă Â A A
O O P S P A Q X U A R P M R H
W W I T D E Y B V K I T B Ț L
V C U O E V E C L R L Ă Ă I Y
M G S Y I M I A D X I M T D J
Ț B J I L J B N C S E Â Ă U N
E V U H U W E R E A X N N M O
T K U N I U I L I R W Ă U I I
D E C E M B R I E E I L L N E
P I M U O Q A E B N V U W I M
A N U P H J U G D L W N K C B
R U C L H R N H S P L I U Ă R
Z I A V O R A D N E L A C O I
R T O L Y E I R A U R B E F E
```

APRILIE	LUNĂ
AUGUST	NOIEMBRIE
AN	OCTOMBRIE
CALENDAR	JOI
DECEMBRIE	SÂMBĂTĂ
DUMINICĂ	LUNI
FEBRUARIE	SĂPTĂMÂNĂ
IANUARIE	SEPTEMBRIE
IULIE	VINERI
IUNIE	MARȚI

72 - Saúde e Bem Estar #2

```
S  Ă  S  E  T  Ă  C  I  T  E  N  E  G  A  V
E  N  P  N  Q  V  U  G  I  Z  M  A  R  L  I
S  E  I  T  I  Z  O  P  S  I  D  F  E  E  T
R  I  T  A  D  I  G  E  S  T  I  E  U  R  A
U  G  A  N  Ţ  S  C  Ţ  O  I  I  X  T  G  M
G  I  L  A  O  W  K  B  Q  G  G  V  A  I  I
S  H  J  T  J  G  P  C  Y  Z  B  L  T  E  N
Â  M  V  O  E  N  E  R  G  I  E  O  E  N  Ă
N  E  X  M  B  S  O  B  O  S  B  Ţ  A  V  K
G  T  Q  I  I  R  O  L  A  C  D  W  G  L  J
E  E  J  E  R  A  R  E  P  U  C  E  R  F  A
I  N  F  E  C  Ţ  I  E  S  O  T  Ă  N  Ă  S
V  R  K  Y  F  V  Ţ  C  Y  B  G  P  G  Q  A
A  P  E  T  I  T  H  O  D  I  E  T  Ă  O  M
Q  S  N  A  U  F  D  A  K  D  O  K  T  D  J
```

ALERGIE
ANATOMIE
APETIT
CALORII
CORP
DIETĂ
DIGESTIE
BOALA
ENERGIE
GENETICĂ

IGIENĂ
SPITAL
DISPOZITIE
INFECŢIE
MASAJ
GREUTATE
RECUPERARE
SÂNGE
SĂNĂTOS
VITAMINĂ

73 - Geografia

```
P  W  C  B  S  Q  Ț  C  H  O  C  E  A  N  T
W  Q  V  D  A  V  O  Z  P  C  X  L  I  K  E
I  Ț  E  E  Ț  O  Ă  E  Y  J  Z  U  Â  R  R
F  L  Ă  N  E  U  R  T  N  S  W  M  Y  D  I
M  E  R  I  D  I  A  N  C  U  O  E  P  H  T
P  R  E  D  R  U  Ț  U  O  M  I  R  D  Y  O
A  A  F  U  O  L  S  M  N  P  D  G  A  A  R
C  M  S  T  N  B  A  L  T  V  I  B  E  Ș  I
G  Y  I  I  V  U  L  B  I  V  E  S  T  R  U
G  C  M  T  J  C  T  N  N  I  N  S  U  L  Ă
G  Q  E  A  C  J  A  V  E  H  A  R  T  Ă  X
M  W  P  L  S  Ț  D  N  N  Y  L  O  I  Y  S
T  C  U  E  N  I  D  U  T  I  T  L  A  T  X
I  V  B  A  B  U  M  Z  R  S  B  B  M  K  Y
P  R  L  K  L  X  Ț  S  N  Y  T  M  E  C  W
```

ALTITUDINE
ATLAS
ORAȘ
CONTINENT
EMISFERĂ
INSULĂ
LATITUDINE
HARTĂ
MARE
MERIDIAN

MUNTE
LUME
NORD
OCEAN
VEST
ȚARĂ
REGIUNE
RÂU
SUD
TERITORIU

74 - Antártica

```
P E N I N S U L Ă I U B V O N
M L E C E V O C P R U R X S T
I U X E Ţ I X J A A M K Q D M
G S P L L W F Ţ K Ţ X R R M Ş
R N E A R U T A R E P M E T T
A I D R I X D F R H H R J C I
Ţ G I E N N C Q O G X R Y O I
I H Ţ N I N Z X T R O J K N N
E E I I U V Q I Ă U T E Z S Ţ
X A E M G P T U T J X U G E I
E Ţ C O N T I N E N T Q Y R F
B Ă Q C I Z F N C G O L F V I
U S N V P J L Q R K M D G A C
S T Â N C O S Ţ E E U I N R G
M E D I U W A T C D Ţ J V E G
```

MEDIU
APĂ
GOLF
ŞTIINŢIFIC
CONSERVARE
CONTINENT
COVE
EXPEDIŢIE
GHEŢARI
GHEAŢĂ

GEOGRAFIE
INSULE
CERCETĂTOR
MIGRAŢIE
MINERALE
PENINSULĂ
PINGUINI
STÂNCOS
TEMPERATURA

75 - Flores

```
G  A  M  N  Ă  O  L  B  I  T  J  M  Q  R  T
P  Ă  P  Ă  D  I  E  I  M  O  S  A  I  T  R
L  L  W  T  N  O  I  E  K  F  U  F  Z  D  A
Z  A  S  M  A  F  L  Y  D  U  Z  T  Q  G  N
L  T  Q  U  V  I  O  Ă  S  I  C  R  A  N  D
W  E  M  K  A  R  N  Ţ  M  C  H  Y  O  C  A
D  P  E  A  L  T  G  X  T  A  X  R  M  I  F
M  L  G  S  R  V  A  V  L  B  C  O  O  J  I
L  Y  G  U  H  G  M  B  U  C  H  E  T  N  R
A  M  R  C  W  L  A  G  A  R  D  E  N  I  E
L  K  G  S  U  B  B  R  T  B  U  J  O  R  E
E  Ţ  L  I  L  I  A  C  E  Y  Y  L  M  C  M
A  Q  R  B  S  O  N  S  D  T  O  V  D  G  H
U  R  A  I  R  E  M  U  L  P  Ă  C  Z  C  G
B  S  L  H  Y  X  N  O  S  I  U  S  G  N  W
```

BUCHET	NARCISĂ
PĂPĂDIE	ORHIDEE
GARDENIE	MAC
HIBISCUS	BUJOR
IASOMIE	PETALĂ
LAVANDĂ	PLUMERIA
LILIAC	TRANDAFIR
CRIN	TRIFOI
MAGNOLIE	LALEA
MARGARETĂ	

76 - Fazenda #1

```
A P Ă M E U F F P J F Q Î C X
U M T Ă C A V S A O E S N K A
K Â U G O R E Z V D R A G V G
E C R A B C Ţ Z E U E C R Z Q
Ţ B M R C A L M N T I Y Ă J C
I Ţ Ă X V L T A Ţ Z M R Ş L M
A G R I C U L T U R Ă P Ă X K
I M K B V P O W D T Q A M E T
V I Ţ E L Ă I E E K B G Â W X
N U V N Â F N S L O A W N A Y
Y D F I T Z T I I T V V T R D
V R B Â M O Ţ K B C C A P R Ă
F S D C Q K P A L L Ă Z C N T
P U I I L W B C I O A R Ă P D
G I R T I Z S Q S L K X K A Z
```

ALBINĂ
AGRICULTURĂ
OREZ
APĂ
VIŢEL
MĂGAR
CAPRĂ
CÂMP
CAL
CÂINE

GARD
CIOARĂ
FÂN
ÎNGRĂŞĂMÂNT
PUI
PISICĂ
MIERE
PORC
TURMĂ
VACĂ

77 - Livros

```
P F L C G D Y C I R O T S I P
C O H C V M S I R C S A R H O
R O V M X G U T X E T N O C E
A E L E D I F I V T P A T B Z
R I L E S R O T U A A M A I I
E R J E C T V O I T G O R T E
T E H I V Ţ E R X I I R A R T
I S S K V A I H D L N I N A X
L Ţ Ă R U T N E V A Ă L B G L
P J C V C L F T B U D F A I Z
M M E E J T K E F D Z A Q C F
E P I C I N V E N T I V G Ţ A
O X B O J Y S T K I T R T J T
P S N U S V K L P O F W U Q K
M O R H E L K A Ţ I V M V P C
```

AUTOR
AVENTURĂ
COLECŢIE
CONTEXT
DUALITATE
SCRIS
EPIC
POVESTE
ISTORIC
INVENTIV

CITITOR
LITERAR
NARATOR
PAGINĂ
POEM
POEZIE
RELEVANT
ROMAN
SERIE
TRAGIC

78 - Governo

```
D L A N O I Ț A N N V E P S M
E I Ț U T I T S N O C P F R C
M D O G M Y X M W Z D B Q I J
O E R C T K O X O X Q W X N U
C R X I C E T Ă Ț E N I E D R
R L M V E P Ț A Q G K S R E I
A I O I N G O M K E Ț U I P D
Ț B N L U D A L F L V Ț B E I
I E U F I G I L I Ț D L R N C
E R M H Ț W Ț S I T Z N O D S
K T E C A P Z X C T I B V E J
X A N R N P H D E U A C K N S
Ț T T C I R T S I D Ț T Ă Ț T
Z E Z D R E P T A T E I E Ă A
H L S I M B O L E P M M E M T
```

CETĂȚENIE
CIVIL
CONSTITUȚIE
DEMOCRAȚIE
VORBIRE
DISCUȚIE
DISTRICT
STAT
EGALITATE
INDEPENDENȚĂ

JURIDIC
DREPTATE
LEGE
LIBERTATE
LIDER
MONUMENT
NAȚIONAL
NAȚIUNE
POLITICĂ
SIMBOL

79 - Jardinagem

```
C N O A Q W P S C R E P F B F
O C I N A T O B Q I G K R U U
N O H P P O L B S O T U U C R
T M F Y X H K X Z E A V N H T
A P L S Y Ţ Y F L M M L Z E U
I O O F E Ă F B Ă G I I E T N
N S R C Ţ Z O T D U L B N D G
E T A G A N O O A C C I H Ţ L
R W L V X U I N V C I T O X E
E E E R X R N M I G R S T U X
B I L L E F J H L E A E N U N
S P E C I E A U O Z R M V I C
P Y J Y T S P S D W N O S O N
X A G E I R Ă D R U M C K O O
G U U M I D I T A T E D V R L
```

APĂ
BOTANIC
BUCHET
CLIMAT
COMESTIBIL
COMPOST
SPECIE
EXOTIC
FLORAL
FRUNZĂ

FRUNZE
FURTUN
LIVADĂ
CONTAINER
SEZONIER
SEMINȚE
SOL
MURDĂRIE
UMIDITATE

80 - Profissões #2

```
Q  U  P  R  O  F  E  S  O  R  K  H  V  X  I
G  J  Q  W  K  H  Y  S  F  K  X  Q  Ţ  H  N
M  A  Ţ  R  E  P  T  S  I  V  G  N  I  L  V
I  C  Q  E  A  Ţ  F  A  L  A  Z  B  D  B  E
I  N  G  I  N  E  R  R  O  T  C  I  P  I  N
U  Ţ  M  M  T  D  D  O  Z  J  F  E  K  O  T
C  H  I  R  U  R  G  T  O  L  I  P  O  L  A
I  Z  G  E  A  M  Ţ  Ă  F  L  Q  N  G  O  T
D  O  U  F  N  F  O  T  O  G  R  A  F  G  O
E  O  Q  D  O  T  D  E  N  T  I  S  T  M  R
M  L  L  B  R  T  Y  C  G  F  M  W  Ţ  T  E
A  O  S  K  T  F  U  R  A  N  I  D  Ă  R  G
G  G  Z  G  S  B  P  E  Z  H  Y  C  U  K  G
B  L  X  E  A  R  V  C  P  O  G  L  E  W  Q
J  U  R  N  A  L  I  S  T  Q  F  P  C  Ţ  I
```

FERMIER	CERCETĂTOR
ASTRONAUT	GRĂDINAR
BIOLOG	JURNALIST
CHIRURG	LINGVIST
DENTIST	MEDIC
INGINER	PILOT
FILOZOF	PICTOR
FOTOGRAF	PROFESOR
INVENTATOR	ZOOLOG

81 - Negócios

```
V O O X A N G A J A T R Y O A
U E R A Z N Â V D A O G K P N
P X N I M I W A J X C A I A G
Z A E I P Ţ P L P F A V R G A
Y T K Ţ T Y N U E B R Y E O J
B I K I M U U T M S I B D T A
O F Y T C A R Ă T A E A U D T
W O C S W E G I C Q R N C M O
O R Ţ E O I I A W I Ă I E A R
N P V V X N Y Ţ Z E R J R R A
D W A N S A V N Q I T B E F T
F H E I I P C A Z A N M A Ă V
F F R E I M O N O C E X K F Ţ
B U G E T O S I B I R O U X G
C F L G X C T F B R P J J R T
```

CARIERĂ
COST
REDUCERE
BANI
ECONOMIE
ANGAJAT
ANGAJATOR
COMPANIE
BIROU
FABRICĂ

FINANŢA
TAXE
INVESTIŢII
MAGAZIN
PROFIT
MARFĂ
VALUTĂ
BUGET
VENITURI
VÂNZARE

82 - Fazenda #2

```
A  C  S  T  I  Z  U  P  C  G  J  C  V  U  Q
L  A  P  T  E  R  O  T  C  A  R  T  E  W  W
E  B  T  P  R  O  I  P  B  S  E  U  G  M  Q
I  K  K  O  Ţ  Z  O  G  I  V  I  O  E  I  X
M  Ţ  R  C  K  S  A  Q  A  B  M  U  T  Z  T
L  Y  Ţ  K  Ţ  I  I  R  B  R  R  H  A  E  S
D  P  S  X  T  O  E  E  O  O  E  Q  L  V  W
K  F  B  T  L  C  V  V  X  Y  F  K  U  Y  U
T  Ă  W  M  A  Z  N  S  G  G  B  P  L  L  K
V  D  R  G  U  Â  R  G  D  Ţ  V  V  U  U  Ţ
H  A  M  B  A  R  L  A  M  Ă  Q  M  H  N  J
G  V  S  B  D  R  O  T  S  Ă  P  B  J  C  Y
B  I  G  A  O  V  A  P  F  R  U  C  T  Ă  Y
E  L  A  M  I  N  A  Ţ  M  S  T  U  P  U  H
L  P  R  D  F  Ţ  X  H  Ă  N  Q  Z  M  R  O
```

FERMIER	COPT
ANIMALE	PORUMB
HAMBAR	OAIE
ORZ	PĂSTOR
STUP	RAŢĂ
MIEL	LIVADĂ
FRUCT	LUNCĂ
IRIGARE	TRACTOR
LAPTE	GRÂU
LAMĂ	VEGETAL

83 - Jardim

```
L  J  I  M  C  U  N  T  Y  Q  L  F  N  G  V
O  C  A  X  Y  J  D  R  A  G  J  Y  J  R  E
P  R  R  R  G  W  Ţ  A  T  Q  M  Ţ  I  Ă  R
A  W  B  L  A  X  R  M  F  U  Z  Y  P  D  A
T  Z  Ă  W  N  G  H  B  U  X  F  K  H  I  N
Ă  D  A  V  I  L  F  U  R  C  Z  I  A  N  D
R  D  B  A  N  C  Ă  L  T  O  Z  G  Ş  Ă  Ă
T  B  P  C  E  A  L  I  U  L  Ţ  S  K  W  W
V  N  G  M  I  P  B  N  N  O  Z  A  G  E  E
Q  S  H  C  U  O  E  Ă  Y  S  M  Z  T  B  O
I  F  Q  V  R  C  R  T  E  R  A  S  Ă  Q  Ţ
U  A  J  M  U  A  G  P  F  X  D  H  U  M  T
N  Y  Z  O  B  M  L  F  L  O  A  R  E  D  D
Ţ  S  T  K  B  A  S  Ţ  T  G  J  B  D  V  J
Z  C  I  X  X  H  T  W  S  D  S  F  G  H  Z
```

GREBLĂ

TUFIŞ

COPAC

BANCĂ

GARD

BURUIENI

FLOARE

GARAJ

IARBĂ

GAZON

GRĂDINĂ

IAZ

HAMAC

FURTUN

LOPATĂ

LIVADĂ

SOL

TERASĂ

TRAMBULINĂ

VERANDĂ

84 - Oceano

```
A F J C I O B A L E N Ă K M V
R A N G H I L Ă A I I O N H P
B E U Ă R R Q L R D F S T A X
U T C Ț D U B F O I L Y U D Q
C Ş R I M L X M C R E R A S F
T E E T F A A W V T D A H Y E
R P A A G V R T Y S T Y I R V
D J U C J A Ţ E T E R U B M F
I W E A X J F Z E O O O E G W
U S E R K E U U T B N Z L G I
Q A O A H I R D B C R A B F W
T Q G C B Ţ T E B A R C Ă A L
D H S M K D U M V Q F M L E U
R J S C H Y N I H C E R M X W
A L G E X U Ă T E V E R C Q J
```

ALGE	MAREE
TON	MEDUZE
BALENĂ	VALURI
BARCĂ	STRIDIE
CREVETĂ	PEŞTE
CRAB	CARACATIȚĂ
CORAL	RECIF
ANGHILĂ	SARE
BURETE	FURTUNĂ
DELFIN	RECHIN

85 - Profissões #1

```
D S J I H J O Q D X K X G Q G
M A E D I T O R E I T U J I B
O A N V M V Z G O L O H I S P
N K R S B R E I P M O P T V I
O G E I A O M E P W C Y E I A
R Z H E N T G E O L O G Ţ M N
T A C O V A O V Â N Ă T O R I
S C N F V L R R C N X W C K S
A R A D F A R G O T R A C K T
D O B C R T S I T R A X G G V
F I P P N S M U Z I C I A N E
K T O Ă Ţ N I I T Ş E D M O P
O O Ţ L O I A M B A S A D O R
X R V E T E R I N A R C V C T
S C T U I B C P Ţ G Z E L P S
```

AVOCAT	EDITOR
CROITOR	AMBASADOR
ARTIST	INSTALATOR
ASTRONOM	GEOLOG
BANCHER	BIJUTIER
POMPIER	MARINAR
VÂNĂTOR	MUZICIAN
CARTOGRAF	PIANIST
OM DE ȘTIINȚĂ	PSIHOLOG
DANSATOR	VETERINAR

86 - Força e Gravidade

```
E  A  E  C  I  D  P  R  E  S  I  U  N  E  P
X  M  X  N  L  I  P  O  R  P  A  E  X  R  V
P  A  E  Ă  J  N  L  A  A  D  O  M  K  O  D
A  G  T  C  G  A  A  D  C  P  Y  N  W  S  A
N  N  Y  I  E  M  N  I  E  C  E  N  T  R  U
S  I  D  Z  N  I  E  K  R  U  H  M  T  I  A
I  T  O  I  M  C  T  Y  F  N  P  I  U  E  E
U  U  J  F  S  E  E  W  L  V  I  T  E  Z  Ă
N  D  P  M  I  T  U  N  I  V  E  R  S  A  L
E  I  I  N  T  A  A  M  E  C  A  N  I  C  A
B  N  M  X  E  T  Q  N  X  H  A  H  M  P  S
E  E  P  Q  N  U  E  A  Ţ  Ţ  L  L  F  N  I
H  J  A  Ţ  G  E  M  A  E  Ă  T  I  B  R  O
I  R  C  T  A  R  H  W  A  M  K  D  O  Q  B
W  E  T  N  M  G  Ţ  X  T  B  R  T  T  O  L
```

FRECARE	MAGNITUDINE
CENTRU	MECANICA
DINAMIC	ORBITĂ
DISTANŢĂ	GREUTATE
AXĂ	PLANETE
EXPANSIUNE	PRESIUNE
FIZICĂ	VITEZĂ
IMPACT	TIMP
MAGNETISM	UNIVERSAL

87 - Ciência

```
Z  U  S  M  L  Y  L  O  O  K  K  G  K  E  U
Q  Ț  H  S  O  I  N  C  R  Ă  R  U  T  A  N
S  Z  J  I  X  C  F  F  B  H  D  R  D  F  Y
I  J  E  N  B  E  T  N  A  L  P  O  X  N  J
P  G  R  A  V  I  T  A  Ț  I  E  H  T  K  S
O  N  A  G  F  Ț  M  C  P  A  L  I  P  E  D
T  C  V  R  I  U  I  L  B  F  T  G  A  T  M
E  H  R  O  Z  L  N  I  C  L  O  O  F  A  O
Z  I  E  L  I  O  E  M  I  I  N  S  M  D  L
Ă  M  S  Q  C  V  R  A  X  C  T  J  I  Ț  E
Ț  I  B  P  Ă  E  A  T  T  W  U  S  L  L  C
R  C  O  E  C  E  L  U  C  I  T  R  A  P  U
M  O  J  I  Ț  E  E  D  K  L  O  A  G  L  L
O  M  D  E  Ș  T  I  I  N  Ț  Ă  V  H  G  E
O  S  L  Ț  F  L  A  B  O  R  A  T  O  R  M
```

ATOM
OM DE ȘTIINȚĂ
CLIMAT
DATE
EVOLUȚIE
FAPT
FIZICĂ
FOSIL
GRAVITAȚIE
IPOTEZĂ

LABORATOR
METODĂ
MINERALE
MOLECULE
NATURĂ
OBSERVARE
ORGANISM
PARTICULE
PLANTE
CHIMIC

88 - Comida #1

```
J M J T E J K Ț I K B U H S S
V Z T M P T C X Ț M R I P C Z
B T L A V P Y J Z X B B C O W
Ț U Ă Ă R Ă H A Z K P T T R E
M T S P W A N A P I M C W Ț D
W T I U E X H G P Z T M V I X
E R A S I S X I G L M X U Ș T
U O C E Â O N O D E V S H O I
V T V Ț M S C R V Ă Z Q R A T
O N G O Ă U A U Q U G Q Q R Z
C O R Z L C N T F I X N X Ă L
R E T P A L A S A L A T Ă W G
O O A C H Y P U F T O N P Y P
M J I P J M S T D H I B C M F
Y A X S Ă N U Ș P Ă C P O S A
```

ZAHĂR	SPANAC
USTUROI	LAPTE
ARAHIDĂ	LĂMÂIE
TON	BUSUIOC
TORT	CĂPȘUNĂ
SCORȚIȘOARĂ	NAP
CEAPĂ	SARE
MORCOV	SALATĂ
ORZ	SUPĂ
CAISĂ	SUC

89 - Geometria

```
O R I Z O N T A L Ă V F U L S
H I D O E Y Ţ E I R T E M I S
M E D I A N Ă I E U U G F H T
O Z E A E M I Ţ L Ă N Î C G R
L H H L E L A R A P H R U N I
C A Y S I C U O O F L I R U U
K C K H Ţ E J P M V A E B J N
M A S Ă A R M O Y X P R Ă T G
T Ţ X R U C E R H Q F C P O H
K E L H C T Z P L I B A T U I
H P O M E C J R O D K L C S S
C H C R T N E M G E S C J W C
T W V C I T M H I F D U N I P
W U J C O E D U C O S L E O D
D I A M E T R U Ă N S V P K Ţ
```

ÎNĂLŢIME	MASĂ
UNGHI	MEDIANĂ
CALCUL	PARALEL
CERC	PROPORŢIE
CURBĂ	SEGMENT
DIAMETRU	SIMETRIE
ECUAŢIE	SUPRAFAŢĂ
ORIZONTALĂ	TEORIE
LOGICĂ	TRIUNGHI

90 - Pássaros

```
P C O M S D V R A B I E M H L
E R O W V T Ă C S Â G Ţ G A E
S Q E Q B Ţ R T O U C A N X B
C A K B R U A U Ă T H M Ţ O Ă
Ă R H I M B O B Ţ C B S V U D
R I K P D F I F A S T Â R C Ă
U Q W K W Q C C R R U T L U V
Ș X K G B T B R V P Z H R C D
J J L E B M U R O P U Ă V V C
B F A Q N Z X S W D J I E W D
U O G N I M A L F V H P H B K
X O A O P I N G U I N U P N G
X U P Z Q J J K N M C B G W U
R V A J D U Z R M B M X J P P
T T P Ă U N A C I L E P J A R
```

STRUȚ

VULTUR

BARZĂ

LEBĂDĂ

CIOARĂ

CUC

FLAMINGO

PUI

PESCĂRUȘ

GÂSCĂ

STÂRC

OU

PAPAGAL

VRABIE

RAȚĂ

PĂUN

PELICAN

PINGUIN

PORUMBEL

TOUCAN

91 - Literatura

```
L  C  D  P  O  E  M  D  L  U  Ă  M  E  T  U
C  O  F  E  Y  G  E  Ţ  I  V  Z  T  X  V  A
B  M  B  I  S  E  B  R  T  A  I  W  B  O  N
I  P  L  G  B  C  Ă  J  S  N  L  D  R  P  E
O  A  M  O  B  M  R  O  T  U  A  O  Ţ  I  C
G  R  P  L  R  E  O  I  I  F  N  F  G  N  D
R  A  F  A  F  Q  F  F  E  Y  A  I  K  I  O
A  Ţ  W  N  A  N  A  M  O  R  F  C  P  E  T
F  I  Q  A  E  O  T  V  K  O  E  Ţ  M  I  Ă
I  E  D  J  L  A  E  C  C  T  T  I  Q  D  F
E  U  E  T  R  N  M  L  H  A  K  U  B  E  S
R  I  M  Ă  I  Q  J  F  F  R  V  N  Z  G  B
L  Ţ  A  S  T  E  F  S  G  A  L  E  H  A  Y
L  T  B  L  M  O  W  A  R  N  Z  Ţ  Z  R  C
C  O  N  C  L  U  Z  I  E  S  C  J  T  T  E
```

ANALOGIE	FICŢIUNE
ANALIZĂ	METAFORĂ
ANECDOTĂ	NARATOR
AUTOR	OPINIE
BIOGRAFIE	POEM
COMPARAŢIE	RIMĂ
CONCLUZIE	RITM
DESCRIERE	ROMAN
DIALOG	TEMĂ
STIL	TRAGEDIE

92 - Química

```
G T E M P E R A T U R A Z V V
A F E N V N A V F Q Ţ S V C R
Z A L I Z U C Ă C C T F B Ţ O
S C E E G T O C M S F A W Ă T
H I C V F E R L N I L A C L A
N D T O W L G P A O Z M U U Z
E Q R H F E A L S N H N T C I
G P O R Y M N I R O L C E E L
O R N V G E I C L B D S C L A
R X E Y Y N C H W R Q K Ă O T
D I I U E T M I Y A S R L M A
I Ţ D G T E I D Ţ C T X D A C
H Y P Z E A C R A E L C U N H
S A R E Z N T J A H I Ţ R Ţ L
V Z V X X W G E T I M F Ă W V
```

ALCALIN	HIDROGEN
ACID	ION
CĂLDURĂ	LICHID
CARBON	MOLECULĂ
CATALIZATOR	NUCLEAR
CLOR	ORGANIC
ELEMENTE	OXIGEN
ELECTRON	GREUTATE
ENZIMĂ	SARE
GAZ	TEMPERATURA

93 - Clima

```
N U S C A T C N I B H W T F N
T Q A Ă T E C E S B T G C S F
F U R T U N Ă R R N R O A T L
D K U F Q U Z G A P N L T R I
X P T A P T I M L X O S M O K
Ă Ţ A E C S R I O I R P O P C
R E R F X F B B P P A T S I T
C C E L U P N W Ă Z Ţ E F C Q
U L P Ţ L L A H D G C E E A N
R I M B L Y G I A N H A R L H
C M E Ţ E P A E N N O E Ă E C
U A T Z K M R Z R A L C A F B
B T V Â N T U N O S U M X Ţ P
E J K P Q B J N T E Y C J V Ă
U Ţ J Q A P E U W B I H S A B
```

CURCUBEU
ATMOSFERĂ
BRIZĂ
CER
CLIMAT
URAGAN
GHEAŢĂ
MUSON
CEAŢĂ
NOR

POLAR
FULGER
SECETĂ
USCAT
TEMPERATURA
FURTUNĂ
TORNADĂ
TROPICALE
TUNET
VÂNT

94 - Diplomacia

```
D Q X V M V Y T N G X H U P E
K I N E Ț Ă T E C U B R M O T
G K S Ț P D E E C V B E A L I
M T Ț C W A A T O E B V N I C
E C A M U K Y A N R C H I T Ă
L I M B I Ț R T S N P A T I R
A L Ț N E H I P I G C Z A C O
M F T U W K F E L Ț A L R Ă D
B N R F L L Q R I V R J Z Ț A
A O A E M O I D E I Ț U L O S
S C T E K P Z J R Ț T L O W A
A B A Ț W M U E N V J K C N B
D I T L O E R A R E P O O C M
Ă C O M U N I T A T E N B W A
D I P L O M A T I C B B P F R
```

CETĂȚENI   ETICĂ
COMUNITATE   GUVERN
CONFLICT   UMANITAR
CONSILIER   DREPTATE
COOPERARE   LIMBI
DIPLOMATIC   POLITICĂ
DISCUȚIE   REZOLUȚIE
AMBASADĂ   SOLUȚIE
AMBASADOR   TRATAT

95 - Comida # 2

```
D K U K X C O D L X O Z Z O H
C B C Z Ţ I R Ă M X F L K A J
I A U R T U E I Ş O R Z J P H
L U O L J P Z P E Ş T E M Y T
O X P T H E H L G W P N C D W
C N Q C U R Z Ţ J R K I W I V
C F A R J C Ţ K E E Â R V Y V
O A D Ţ D Ă Z N Â R B U A W Ţ
R P M I G D A L Ă I Ţ G S R O
B D Ă T Ă N Â V A E X U S Ţ C
E R A N I H G N A X A R C V C
R J Ă Ş A E R I C K Ţ T U H T
D K D J U N S A D Y O S U N V
Ş U N C Ă T A L O C O I C B Y
T Ţ Z U Z N X B R W R Z R B U
```

ANGHINARE	IAURT
MIGDALĂ	KIWI
OREZ	MĂR
BANANĂ	OU
VÂNĂTĂ	PEŞTE
BROCCOLI	ŞUNCĂ
CIREAŞĂ	BRÂNZĂ
CIOCOLATĂ	ROŞIE
CIUPERCĂ	GRÂU
PUI	STRUGURI

96 - Universo

```
E  I  M  O  N  O  R  T  S  A  O  E  D  J  O
N  C  S  E  R  E  C  S  D  E  R  B  A  T  R
I  I  U  G  I  R  V  L  I  B  I  Z  I  V  B
D  M  E  A  L  U  N  A  O  Q  Z  M  Z  V  I
U  S  C  E  T  K  Y  I  R  I  O  A  F  O  T
T  O  V  E  Ă  O  E  E  E  B  N  R  V  F  Ă
I  C  N  C  R  Ţ  R  F  T  R  T  E  Q  H  R
G  R  Ţ  J  E  F  D  X  S  U  C  I  Ţ  F  E
N  P  P  T  F  S  Ţ  E  A  S  T  X  U  Y  F
O  K  A  U  S  Y  U  W  Q  Z  O  A  Ţ  V  S
L  T  J  P  O  C  S  E  L  E  T  L  N  E  I
U  S  Q  L  M  O  N  O  R  T  S  A  A  D  M
J  K  V  I  T  Z  O  D  I  A  C  G  N  R  E
S  R  I  C  A  S  O  L  S  T  I  Ţ  I  U  V
L  A  T  I  T  U  D  I  N  E  U  Y  X  M  J
```

ASTEROID	ORIZONT
ASTRONOMIE	LATITUDINE
ASTRONOM	LONGITUDINE
ATMOSFERĂ	LUNA
CERESC	ORBITĂ
CER	SOLAR
COSMIC	SOLSTIŢIU
ECUATOR	TELESCOP
GALAXIE	VIZIBIL
EMISFERĂ	ZODIAC

97 - Jazz

```
W D X J P G G N U R B E L E C
C T R B B I E C B P O I B S Y
C U M A N Ţ N E Y M H Ţ J O O
C O N C E R T T E H N I C Ă T
C N J Z M A L B U M D Z R P O
O Z L F P U J R I T M O V V R
M P E I Ţ A Z I V O R P M I C
P C Â N T E C I M Y O M Ţ L H
O V K Y S T I L C A Z O K Q E
Z E X W I N Ţ N D Ă T C J S S
I C S Ţ K E F A V O R I T E T
T H E Z H L K F Ţ E N Ţ T Z R
O I T C L A Q B Ţ F J H Y S Ă
R L N O Z T N E C C A G H U L
A R T I S T B X G K R I H W V
```

ARTIST	FAVORITE
ALBUM	GEN
TOBE	IMPROVIZAŢIE
CÂNTEC	MUZICĂ
COMPOZIŢIE	NOU
COMPOZITOR	ORCHESTRĂ
CONCERT	RITM
STIL	TALENT
ACCENT	TEHNICĂ
CELEBRU	VECHI

98 - Barcos

```
A  G  M  K  S  D  F  F  N  H  Y  G  Y  S  O
Ţ  U  P  C  D  I  R  U  L  A  V  E  R  A  M
W  X  E  T  V  A  Â  A  U  U  N  A  Q  J  X
I  T  F  F  M  A  N  A  E  C  O  M  D  U  W
K  U  U  M  A  N  G  G  R  A  T  A  C  A  Y
H  Ţ  O  J  R  C  H  G  Z  I  H  N  A  K  Z
P  F  Y  K  I  O  I  E  M  A  A  D  B  K  C
P  C  R  G  N  R  E  T  M  C  I  U  T  F  R
E  L  Ţ  V  A  Ă  E  W  U  Ţ  T  R  J  J  G
C  Q  U  T  R  N  R  L  M  A  M  Ă  V  Y  Ţ
H  Q  M  T  B  C  A  A  O  Y  N  D  O  C  K
I  U  Ţ  H  Ă  P  M  C  T  V  T  R  Y  R  C
P  Ţ  X  X  T  D  F  E  O  N  A  C  Â  R  R
A  Ţ  H  V  X  N  Ţ  H  R  Ţ  A  Z  E  U  V
J  U  I  L  A  Y  Q  A  R  F  F  A  F  I  N
```

ANCORĂ	MARE
BAC	MAREE
GEAMANDURĂ	MARINAR
CAIAC	CATARG
CANOE	MOTOR
FRÂNGHIE	NAUTIC
DOCK	OCEAN
IAHT	VALURI
PLUTĂ	RÂU
LAC	ECHIPAJ

99 - Mamíferos

```
B  U  K  I  W  T  P  Y  V  C  X  P  R  N  C
S  A  B  U  Z  B  U  Ă  C  I  S  I  P  K  B
C  Ţ  L  A  H  K  U  C  D  E  U  G  N  I  A
A  P  M  E  T  S  B  X  E  P  T  B  R  K  U
N  T  A  K  N  D  T  Y  L  U  L  E  U  C  L
G  A  I  N  A  Ă  K  O  F  R  C  P  P  A  U
U  U  M  G  F  L  H  T  I  E  J  L  Z  S  P
R  R  U  L  E  I  X  A  N  O  T  U  O  T  E
V  Ţ  Ţ  X  L  M  X  Z  U  I  C  V  A  O  R
A  J  Ă  Y  E  Ă  R  B  E  Z  G  Ţ  I  R  G
T  M  J  S  X  C  Â  I  N  E  I  R  E  E  S
G  O  R  I  L  Ă  A  R  H  T  R  O  E  L  P
F  Z  B  B  K  D  J  I  C  B  A  V  A  F  K
K  S  U  D  D  A  P  E  A  I  F  A  B  K  Z
V  D  W  F  V  M  J  I  L  N  Ă  Y  E  E  U
```

BALENĂ	GIRAFĂ
CĂMILĂ	DELFIN
CANGUR	GORILĂ
CASTOR	LEU
CAL	LUP
CÂINE	MAIMUŢĂ
IEPURE	OAIE
COIOT	VULPE
ELEFANT	TAUR
PISICĂ	ZEBRĂ

100 - Atividades e Lazer

```
S  E  E  K  Y  Q  M  K  Q  U  Z  O  A  M  A
C  I  F  G  T  G  S  Q  I  P  V  Y  T  G  X
U  R  E  L  A  X  A  N  T  L  Z  B  H  N  R
F  O  U  K  O  L  U  Y  L  L  A  Q  D  I  I
U  T  V  P  D  G  V  A  S  N  J  Z  Q  F  Q
N  Ă  O  E  N  Ţ  Q  I  I  Ţ  E  M  U  R  D
D  L  M  S  S  G  Y  C  N  G  J  S  M  U  V
Ă  Ă  A  C  L  L  A  B  E  S  A  B  R  S  P
R  C  F  U  U  Y  F  O  T  B  A  L  V  U  X
I  D  N  I  B  A  S  C  H  E  T  Î  B  O  C
D  A  Ă  T  R  A  V  O  L  E  I  N  O  I  F
C  A  M  P  I  N  G  F  C  D  C  O  X  A  Z
Y  Y  I  A  F  E  G  P  A  R  U  T  C  I  P
G  R  Ă  D  I  N  Ă  R  I  T  H  Q  L  Q  Ţ
W  D  K  G  K  Z  J  E  D  M  Z  R  Q  I  Y
```

CAMPING
ARTĂ
BASCHET
BASEBALL
BOX
DRUMEŢII
CURSE
FOTBAL
GOLF
GRĂDINĂRIT

SCUFUNDĂRI
ÎNOT
PESCUIT
PICTURA
RELAXANT
SURFING
TENIS
CĂLĂTORIE
VOLEI

1 - Dirigindo

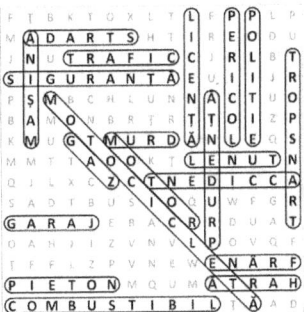

2 - Antiguidades

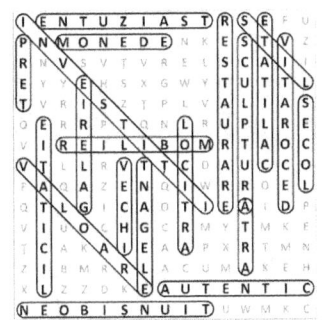

3 - Churrascos

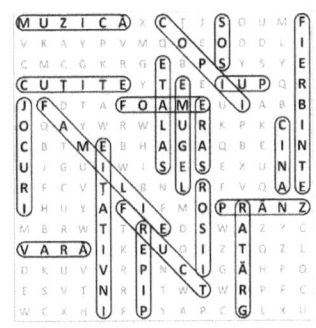

4 - Pesca

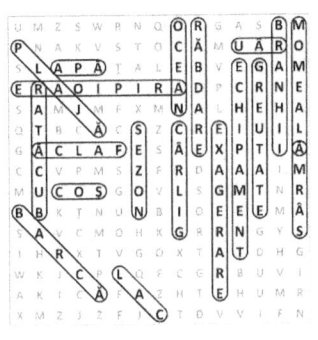

5 - Geologia

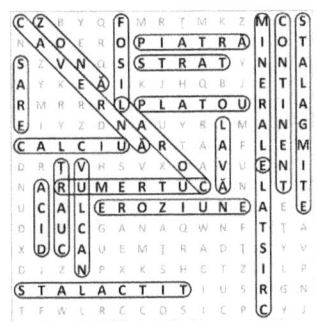

6 - Ética

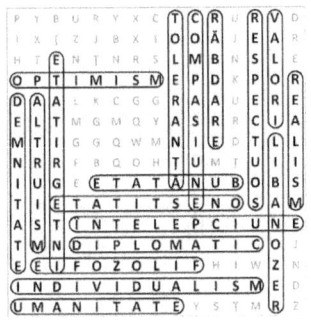

7 - Tempo

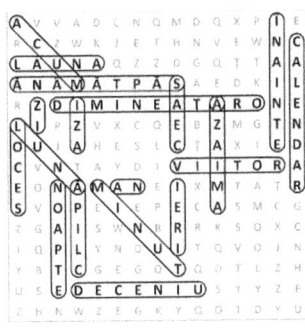

8 - Astronomia

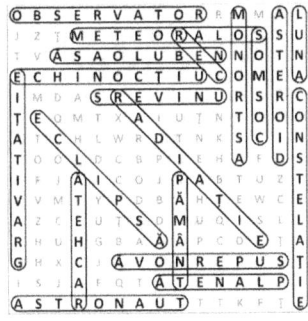

9 - Acampamento

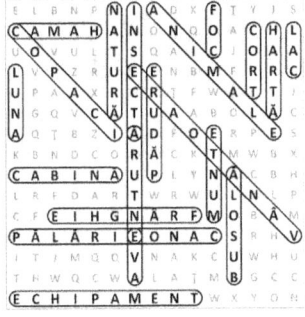

10 - Emoções

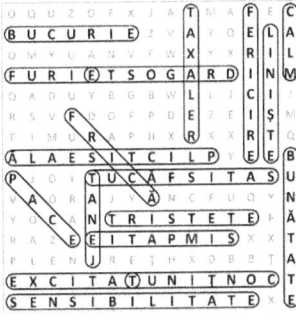

11 - Ficção Científica

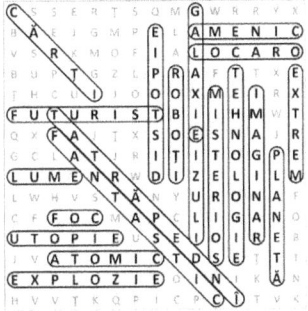

12 - Mitologia

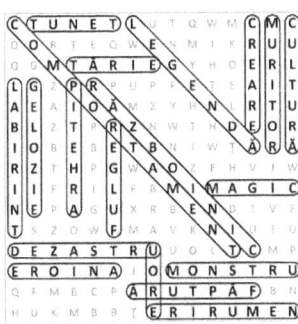

13 - Medições

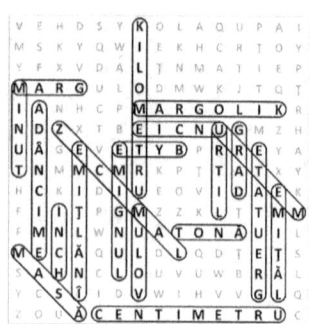

14 - Álgebra

15 - Plantas

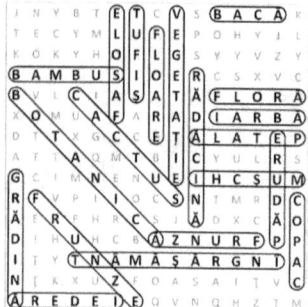

16 - Veículos

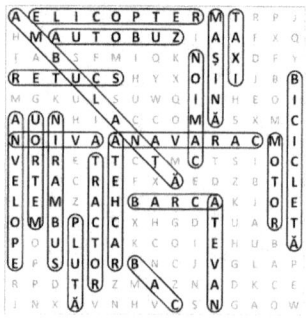

17 - Engenharia

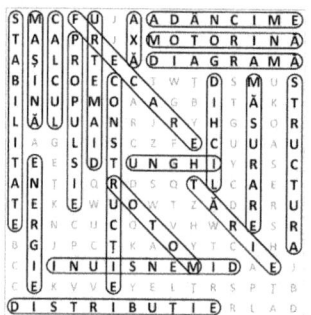

18 - Restaurante #2

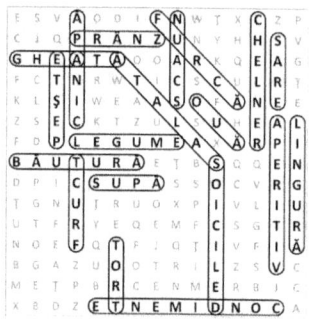

19 - Países #2

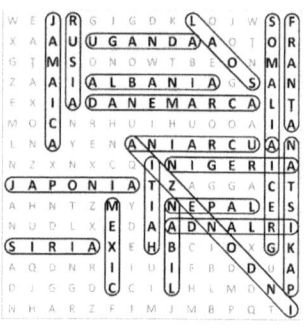

20 - Cozinha

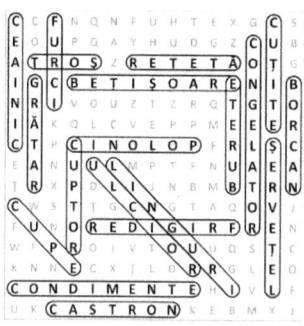

21 - Material de Arte

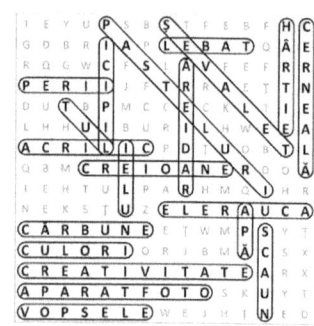

22 - Números

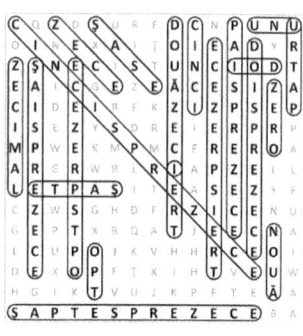

23 - Física

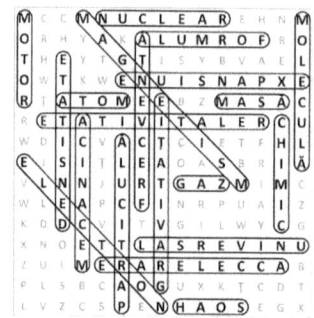

24 - Especiarias

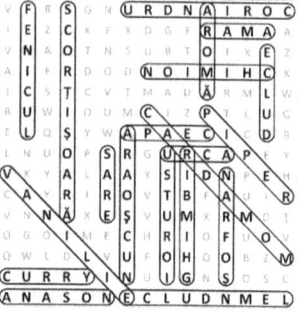

25 - Países #1

26 - A Mídia

27 - Casa

28 - Vegetais

29 - Balé

30 - Adjetivos #1

31 - Psicologia

32 - Paisagens

33 - Dança

34 - Nutrição

35 - Energia

36 - Disciplinas Científicas

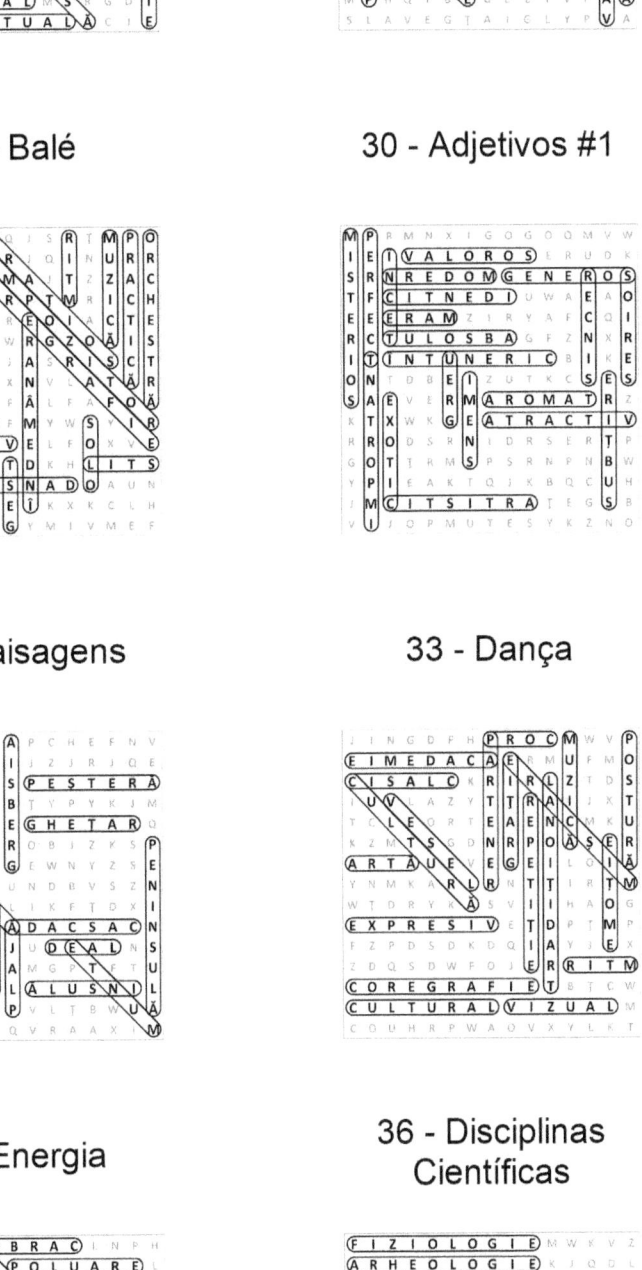
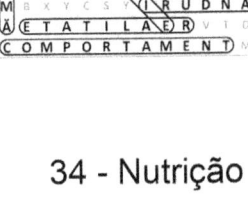
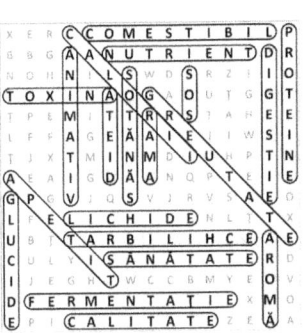
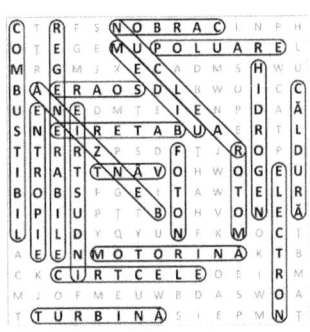

37 - Meditação

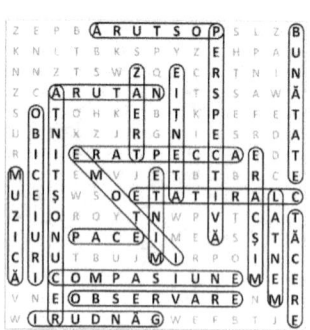

38 - Artes Visuais

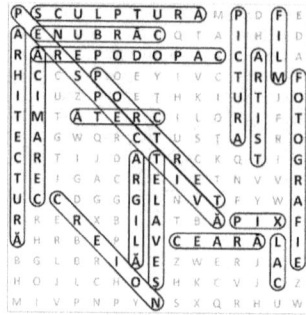

39 - Moda

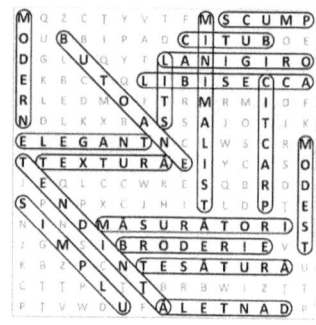

40 - Instrumentos Musicais

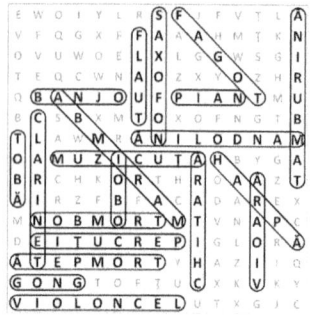

41 - Adjetivos #2

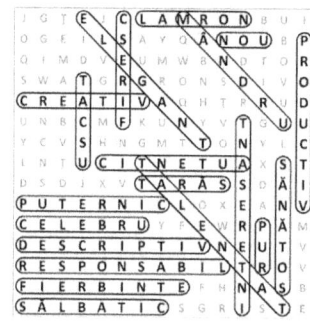

42 - Roupas

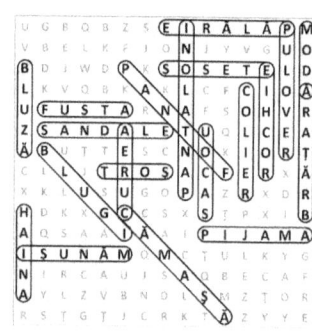

43 - Herbalismo

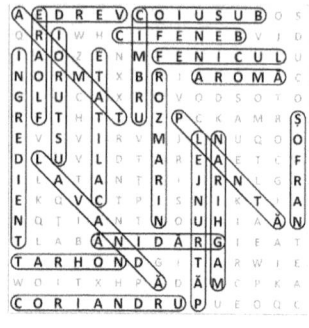

44 - Arqueologia

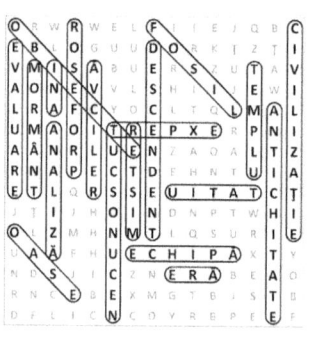

45 - Agronomia

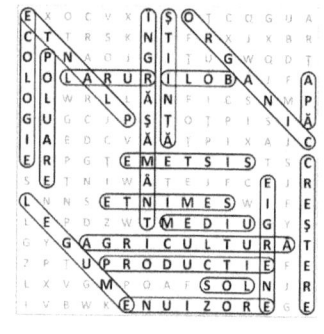

46 - Frutas

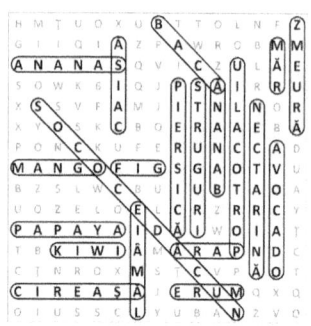

47 - Corpo Humano

48 - Caminhada

49 - Biologia

50 - Beleza

51 - Filantropia

52 - Ecologia

53 - Família

54 - Férias #2

55 - Edifícios

56 - Aventura

57 - Floresta Tropical

58 - Cidade

59 - Música

60 - Matemática

61 - Saúde e Bem Estar #1

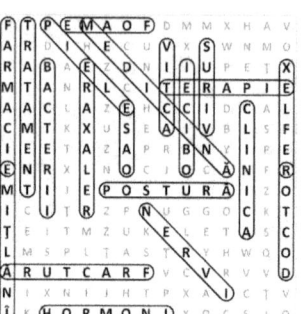

62 - Imigração

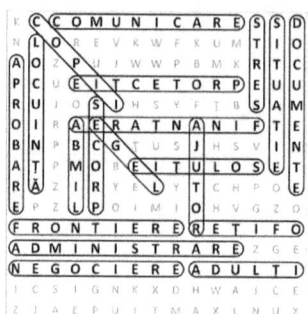

63 - Natureza

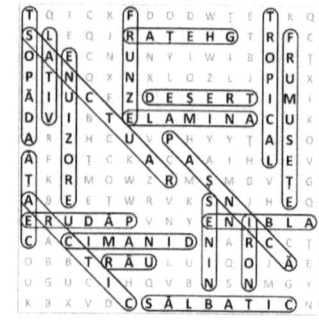

64 - A Empresa

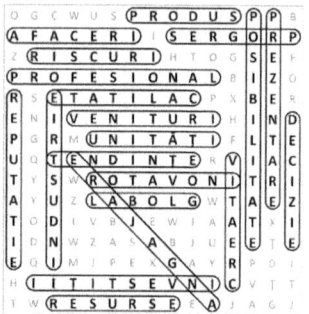

65 - Doença

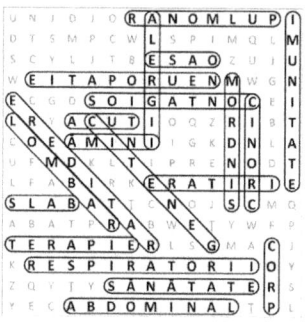

66 - Aquecimento Global

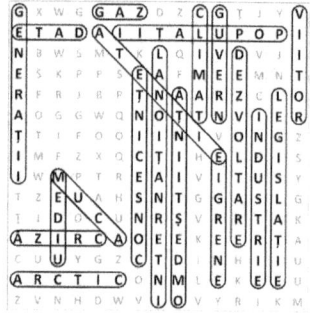

67 - Aviões

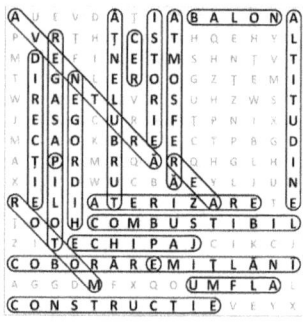

68 - Tipos de Cabelo

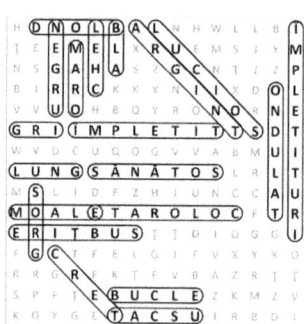

69 - Formas

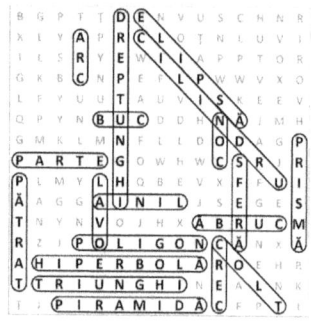

70 - Criatividade

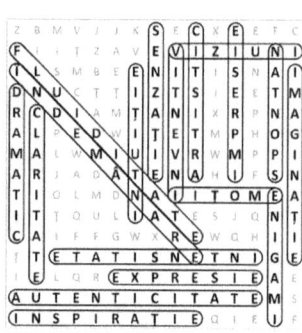

71 - Dias e Meses

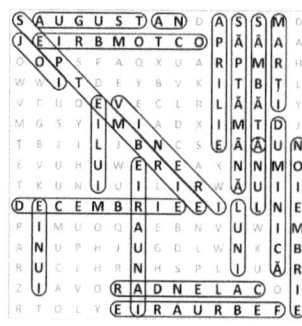

72 - Saúde e Bem Estar #2

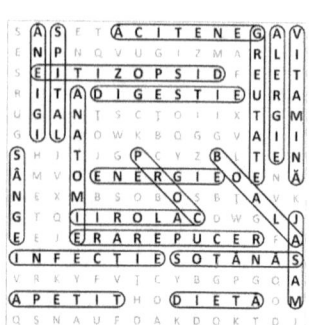

73 - Geografia

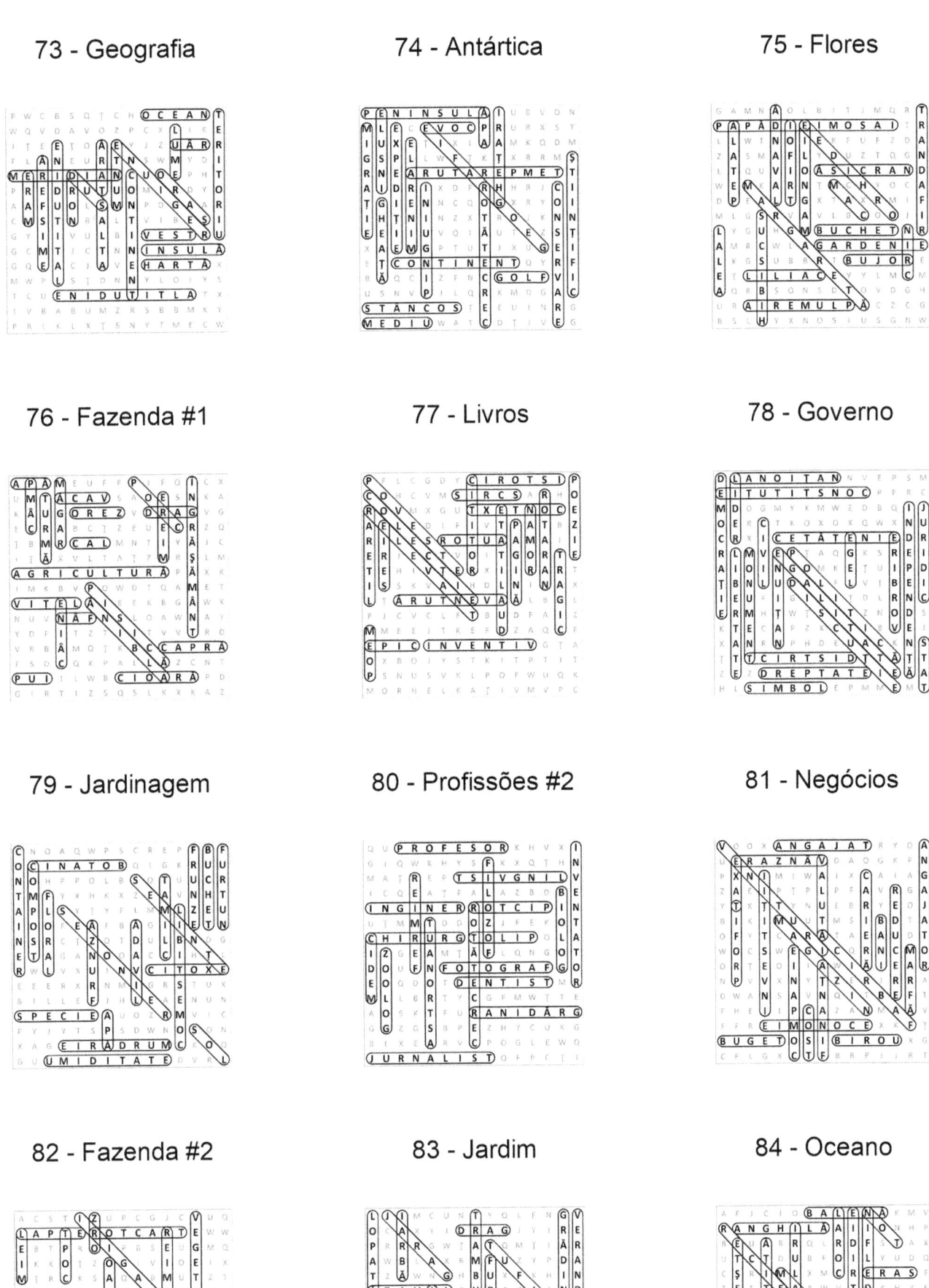

74 - Antártica

75 - Flores

76 - Fazenda #1

77 - Livros

78 - Governo

79 - Jardinagem

80 - Profissões #2

81 - Negócios

82 - Fazenda #2

83 - Jardim

84 - Oceano

85 - Profissões #1

86 - Força e Gravidade

87 - Ciência

88 - Comida #1

89 - Geometria

90 - Pássaros

91 - Literatura

92 - Química

93 - Clima

94 - Diplomacia

95 - Comida # 2

96 - Universo

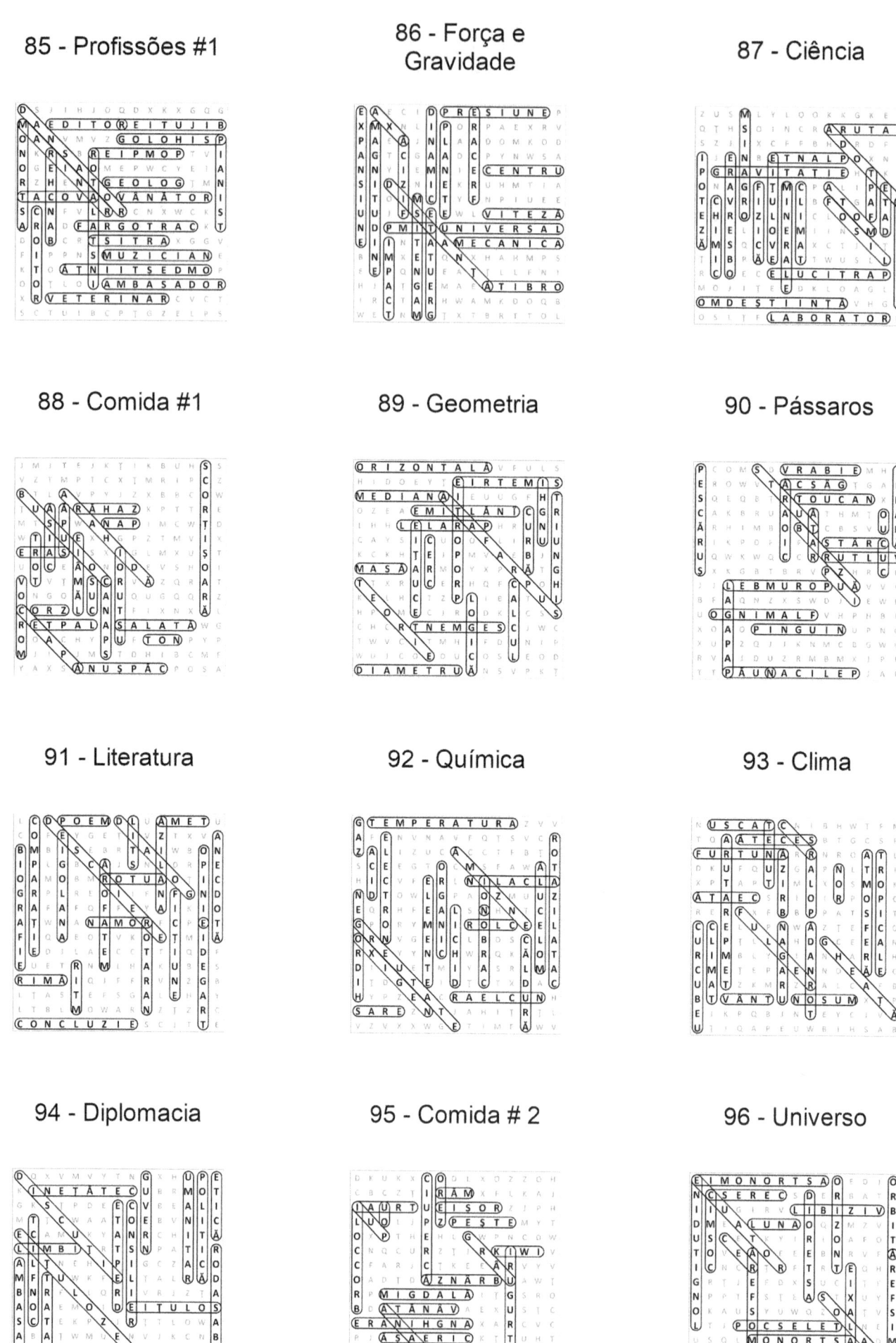

97 - Jazz

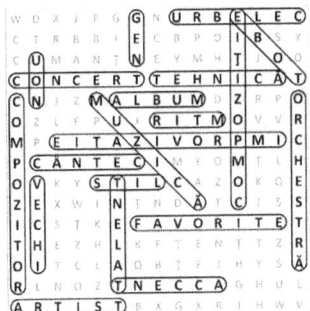

98 - Barcos

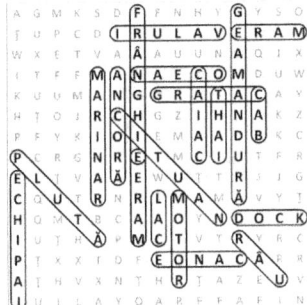

99 - Mamíferos

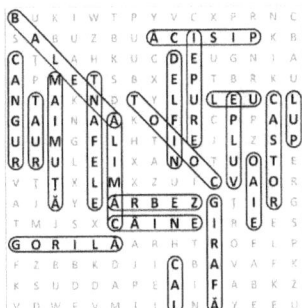

100 - Atividades e Lazer

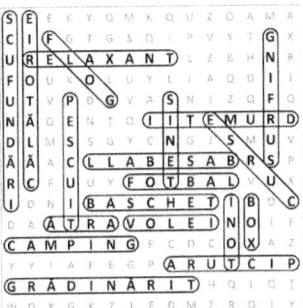

Dicionário

A Empresa
Compania

Apresentação	Prezentare
Criativo	Creativ
Decisão	Decizie
Emprego	Angajare
Global	Global
Indústria	Industrie
Inovador	Inovator
Investimento	Investiții
Negócio	Afaceri
Possibilidade	Posibilitate
Produto	Produs
Profissional	Profesional
Progresso	Progres
Qualidade	Calitate
Receita	Venituri
Recursos	Resurse
Reputação	Reputatie
Riscos	Riscuri
Tendências	Tendințe
Unidades	Unități

A Mídia
Mass-Media

Atitudes	Atitudini
Comercial	Comercial
Comunicação	Comunicare
Digital	Digital
Edição	Ediție
Educação	Educație
Fatos	Fapte
Financiamento	Finanțarea
Fotos	Fotografii
Individual	Individual
Indústria	Industrie
Intelectual	Intelectual
Jornais	Presă
Local	Local
Online	Online
Opinião	Opinie
Público	Public
Rádio	Radio
Rede	Rețea
Televisão	Televiziune

Acampamento
Camping

Animais	Animale
Aventura	Aventură
Árvores	Copaci
Bússola	Busolă
Cabine	Cabină
Caça	Vânătoare
Canoa	Canoe
Chapéu	Pălărie
Corda	Frânghie
Equipamento	Echipament
Floresta	Pădure
Fogo	Foc
Inseto	Insectă
Lago	Lac
Lua	Luna
Maca	Hamac
Mapa	Hartă
Montanha	Munte
Natureza	Natură
Tenda	Cort

Adjetivos #1
Adjective #1

Absoluto	Absolut
Aromático	Aromat
Artístico	Artistic
Atraente	Atractiv
Enorme	Imens
Escuro	Întuneric
Exótico	Exotic
Fino	Subțire
Generoso	Generos
Grande	Mare
Honesto	Sincer
Idêntico	Identic
Importante	Important
Lento	Încet
Misterioso	Misterios
Moderno	Modern
Perfeito	Perfect
Pesado	Greu
Sério	Serios
Valioso	Valoros

Adjetivos #2
Adjective #2

Autêntico	Autentic
Criativo	Creativ
Descritivo	Descriptiv
Dotado	Talentat
Elegante	Elegant
Famoso	Celebru
Forte	Puternic
Interessante	Interesant
Natural	Firesc
Normal	Normal
Novo	Nou
Orgulhoso	Mândru
Produtivo	Productiv
Puro	Pur
Quente	Fierbinte
Responsável	Responsabil
Salgado	Sărat
Saudável	Sănătos
Seco	Uscat
Selvagem	Sălbatic

Agronomia
Agronomie

Agricultura	Agricultură
Ambiente	Mediu
Água	Apă
Ciência	Știință
Crescimento	Creștere
Doenças	Boli
Ecologia	Ecologie
Energia	Energie
Erosão	Eroziune
Fertilizante	Îngrășământ
Identificação	Identificare
Legumes	Legume
Orgânico	Organic
Plantas	Plante
Poluição	Poluare
Produção	Producție
Rural	Rural
Sementes	Semințe
Sistemas	Sisteme
Solo	Sol

Antártica
Antarctica

Ambiente	Mediu
Água	Apă
Baía	Golf
Científico	Științific
Conservação	Conservare
Continente	Continent
Enseada	Cove
Expedição	Expediție
Geleiras	Ghețari
Gelo	Gheață
Geografia	Geografie
Ilhas	Insule
Investigador	Cercetător
Migração	Migrație
Minerais	Minerale
Península	Peninsulă
Pinguins	Pinguini
Rochoso	Stâncos
Temperatura	Temperatura
Topografia	Topografie

Antiguidades
Antichități

Arte	Artă
Autêntico	Autentic
Decorativo	Decorativ
Elegante	Elegant
Entusiasta	Entuziast
Escultura	Sculptură
Estilo	Stil
Galeria	Galerie
Incomum	Neobișnuit
Investimento	Investiții
Item	Articol
Leilão	Licitație
Mobiliário	Mobilier
Moedas	Monede
Preço	Preț
Qualidade	Calitate
Restauração	Restaurare
Século	Secol
Valor	Valoare
Velho	Vechi

Aquecimento Global
Încălzirea Globală

Agora	Acum
Ambiental	Mediu
Atenção	Atenție
Ártico	Arctic
Cientista	Om de Știință
Clima	Climat
Consequências	Consecințe
Crise	Criză
Dados	Date
Desenvolvimento	Dezvoltare
Energia	Energie
Futuro	Viitor
Gás	Gaz
Gerações	Generații
Governo	Guvern
Indústria	Industrie
Internacional	Internațional
Legislação	Legislație
Populações	Populații
Temperaturas	Temperaturi

Arqueologia
Arheologie

Análise	Analiză
Anos	Ani
Antiguidade	Antichitate
Avaliação	Evaluare
Civilização	Civilizație
Descendente	Descendent
Desconhecido	Necunoscut
Equipe	Echipă
Era	Eră
Especialista	Expert
Esquecido	Uitat
Fóssil	Fosil
Investigador	Cercetător
Mistério	Mister
Objetos	Obiecte
Ossos	Oase
Professor	Profesor
Relíquia	Relicvă
Templo	Templu
Túmulo	Mormânt

Artes Visuais
Arte Vizuale

Argila	Argilă
Arquitetura	Arhitectură
Artista	Artist
Caneta	Pix
Carvão	Cărbune
Cavalete	Șevalet
Cera	Ceară
Cerâmica	Ceramică
Composição	Compoziție
Criatividade	Creativitate
Escultura	Sculptură
Filme	Film
Fotografia	Fotografie
Giz	Cretă
Lápis	Creion
Obra-Prima	Capodoperă
Perspectiva	Perspectivă
Pintura	Pictura
Retrato	Portret
Verniz	Lac

Astronomia
Astronomie

Asteróide	Asteroid
Astronauta	Astronaut
Astrônomo	Astronom
Céu	Cer
Constelação	Constelație
Cosmos	Cosmos
Eclipse	Eclipsă
Equinócio	Echinocțiu
Foguete	Rachetă
Gravidade	Gravitație
Lua	Luna
Meteoro	Meteor
Nebulosa	Nebuloasă
Observatório	Observator
Planeta	Planetă
Radiação	Radiație
Solar	Solar
Supernova	Supernovă
Terra	Pământ
Universo	Univers

Atividades e Lazer
Activități și Timp Liber

Acampamento	Camping
Arte	Artă
Basquete	Baschet
Beisebol	Baseball
Boxe	Box
Caminhada	Drumeții
Corrida	Curse
Futebol	Fotbal
Golfe	Golf
Jardinagem	Grădinărit
Mergulho	Scufundări
Natação	Înot
Pesca	Pescuit
Pintura	Pictura
Relaxante	Relaxant
Surfe	Surfing
Tênis	Tenis
Viagem	Călătorie
Voleibol	Volei

Aventura
Aventuri

Alegria	Bucurie
Amigos	Prieteni
Atividade	Activitate
Beleza	Frumusețe
Chance	Șansă
Desafios	Provocări
Destino	Destinație
Dificuldade	Dificultate
Entusiasmo	Entuziasm
Excursão	Excursie
Incomum	Neobișnuit
Itinerário	Itinerar
Natureza	Natură
Navegação	Navigare
Novo	Nou
Oportunidade	Oportunitate
Perigoso	Periculos
Preparação	Pregătirea
Segurança	Siguranță
Surpreendente	Surprinzător

Aviões
Avioane

Altitude	Altitudine
Altura	Înălțime
Ar	Aer
Aterrissagem	Aterizare
Atmosfera	Atmosferă
Aventura	Aventură
Balão	Balon
Céu	Cer
Combustível	Combustibil
Construção	Construcție
Descida	Coborâre
Direção	Direcție
Hidrogênio	Hidrogen
História	Istorie
Inflar	Umfla
Motor	Motor
Passageiro	Pasager
Piloto	Pilot
Tripulação	Echipaj
Turbulência	Turbulență

Álgebra
Algebră

Diagrama	Diagramă
Equação	Ecuație
Expoente	Exponent
Falso	Fals
Fator	Factor
Fórmula	Formulă
Fração	Fracțiune
Infinito	Infinit
Linear	Liniar
Matriz	Matrice
Número	Număr
Parêntese	Paranteză
Problema	Problemă
Quantidade	Cantitate
Simplificar	Simplifica
Solução	Soluție
Soma	Sumă
Subtração	Scădere
Variável	Variabil
Zero	Zero

Balé
Balet

Aplauso	Aplauze
Artístico	Artistic
Bailarina	Balerină
Compositor	Compozitor
Coreografia	Coregrafie
Dançarinos	Dansatori
Ensaio	Repetiție
Estilo	Stil
Expressivo	Expresiv
Gesto	Gest
Gracioso	Grațios
Habilidade	Îndemânare
Intensidade	Intensitate
Música	Muzică
Orquestra	Orchestră
Prática	Practică
Público	Public
Ritmo	Ritm
Solo	Solo
Técnica	Tehnică

Barcos
Barci

Âncora	Ancoră
Balsa	Bac
Bóia	Geamandură
Caiaque	Caiac
Canoa	Canoe
Corda	Frânghie
Doca	Dock
Iate	Iaht
Jangada	Plută
Lago	Lac
Mar	Mare
Maré	Maree
Marinheiro	Marinar
Mastro	Catarg
Motor	Motor
Náutico	Nautic
Oceano	Ocean
Ondas	Valuri
Rio	Râu
Tripulação	Echipaj

Beleza
Frumusețe

Batom	Ruj
Cachos	Bucle
Charme	Farmec
Cor	Culoare
Cosméticos	Cosmetice
Elegante	Elegant
Elegância	Eleganță
Espelho	Oglindă
Estilista	Stilist
Fotogênico	Fotogenic
Fragrância	Parfum
Graça	Grație
Maquiagem	Machiaj
Óleos	Uleiuri
Pele	Piele
Produtos	Produse
Rímel	Rimel
Serviços	Servicii
Tesoura	Foarfece
Xampu	Șampon

Biologia
Biologie

Anatomia	Anatomie
Bactérias	Bacterii
Célula	Celulă
Colagénio	Colagen
Cromossoma	Cromozom
Embrião	Embrion
Enzima	Enzimă
Evolução	Evoluție
Fotossíntese	Fotosinteză
Hormona	Hormon
Mamífero	Mamifer
Mutação	Mutație
Natural	Firesc
Nervo	Nerv
Neurônio	Neuron
Osmose	Osmoză
Proteína	Proteină
Réptil	Reptilă
Simbiose	Simbioză
Sinapse	Sinapsă

Caminhada
Drumeții

Acampamento	Camping
Animais	Animale
Água	Apă
Botas	Cizme
Cansado	Obosit
Clima	Climat
Guias	Ghiduri
Mapa	Hartă
Montanha	Munte
Natureza	Natură
Orientação	Orientare
Parques	Parcuri
Pedras	Pietre
Penhasco	Stâncă
Perigos	Pericole
Pesado	Greu
Preparação	Pregătirea
Selvagem	Sălbatic
Sol	Soare
Tempo	Vreme

Casa
Casa

Biblioteca	Bibliotecă
Cerca	Gard
Chaves	Chei
Chuveiro	Duș
Cortinas	Perdele
Cozinha	Bucătărie
Espelho	Oglindă
Garagem	Garaj
Janela	Fereastră
Jardim	Grădină
Lareira	Vatră
Mobiliário	Mobilier
Parede	Perete
Porta	Ușă
Quarto	Cameră
Sótão	Mansardă
Tapete	Covor
Teto	Tavan
Torneira	Robinet
Vassoura	Mătură

Churrascos
Grătare

Almoço	Prânz
Convite	Invitație
Crianças	Copii
Facas	Cuțite
Família	Familie
Fome	Foame
Frango	Pui
Fruta	Fruct
Grelha	Grătar
Jantar	Cina
Jogos	Jocuri
Legumes	Legume
Molho	Sos
Música	Muzică
Pimenta	Piper
Quente	Fierbinte
Sal	Sare
Saladas	Salate
Tomates	Rosii
Verão	Vară

Cidade
Oraș

Aeroporto	Aeroport
Banco	Bancă
Biblioteca	Bibliotecă
Cinema	Cinema
Clínica	Clinica
Escola	Școală
Estádio	Stadion
Farmácia	Farmacie
Florista	Florar
Galeria	Galerie
Hotel	Hotel
Livraria	Librărie
Mercado	Piață
Museu	Muzeu
Padaria	Brutărie
Restaurante	Restaurant
Salão	Salon
Supermercado	Supermarket
Teatro	Teatru
Universidade	Universitate

Ciência
Ştiinţă

Átomo	Atom
Cientista	Om de Ştiinţă
Clima	Climat
Dados	Date
Evolução	Evoluţie
Fato	Fapt
Física	Fizică
Fóssil	Fosil
Gravidade	Gravitaţie
Hipótese	Ipoteză
Laboratório	Laborator
Método	Metodă
Minerais	Minerale
Moléculas	Molecule
Natureza	Natură
Observação	Observare
Organismo	Organism
Partículas	Particule
Plantas	Plante
Químico	Chimic

Clima
Vremea

Arco-Íris	Curcubeu
Atmosfera	Atmosferă
Brisa	Briză
Céu	Cer
Clima	Climat
Furacão	Uragan
Gelo	Gheaţă
Monção	Muson
Nevoeiro	Ceaţă
Nuvem	Nor
Polar	Polar
Relâmpago	Fulger
Seca	Secetă
Seco	Uscat
Temperatura	Temperatura
Tempestade	Furtună
Tornado	Tornadă
Tropical	Tropicale
Trovão	Tunet
Vento	Vânt

Comida # 2
Alimente #2

Alcachofra	Anghinare
Amêndoa	Migdală
Arroz	Orez
Banana	Banană
Beringela	Vânătă
Brócolis	Broccoli
Cereja	Cireaşă
Chocolate	Ciocolată
Cogumelo	Ciupercă
Frango	Pui
Iogurte	Iaurt
Kiwi	Kiwi
Maçã	Măr
Ovo	Ou
Peixe	Peşte
Presunto	Şuncă
Queijo	Brânză
Tomate	Roşie
Trigo	Grâu
Uva	Struguri

Comida #1
Alimente #1

Açúcar	Zahăr
Alho	Usturoi
Amendoim	Arahidă
Atum	Ton
Bolo	Tort
Canela	Scorţişoară
Cebola	Ceapă
Cenoura	Morcov
Cevada	Orz
Damasco	Caisă
Espinafre	Spanac
Leite	Lapte
Limão	Lămâie
Manjericão	Busuioc
Morango	Căpşună
Nabo	Nap
Sal	Sare
Salada	Salată
Sopa	Supă
Suco	Suc

Corpo Humano
Corpul Uman

Boca	Gură
Cabeça	Cap
Cérebro	Creier
Coração	Inimă
Cotovelo	Cot
Dedo	Deget
Joelho	Genunchi
Mandíbula	Falcă
Mão	Mână
Nariz	Nas
Olho	Ochi
Ombro	Umăr
Orelha	Ureche
Pele	Piele
Perna	Picior
Pescoço	Gât
Queixo	Bărbie
Sangue	Sânge
Testa	Frunte
Tornozelo	Gleznă

Cozinha
Bucătărie

Avental	Şorţ
Chaleira	Ceainic
Colheres	Linguri
Concha	Polonic
Cups	Cupe
Especiarias	Condimente
Esponja	Burete
Facas	Cuţite
Forno	Cuptor
Freezer	Congelator
Garfos	Furci
Geladeira	Frigider
Grelha	Grătar
Guardanapo	Şerveţel
Jar	Borcan
Jarro	Ulcior
Pauzinhos	Beţişoare
Receita	Reţetă
Tigela	Castron

Criatividade
Creativitate

Artístico	Artistic
Autenticidade	Autenticitate
Clareza	Claritate
Dramático	Dramatic
Emoções	Emoții
Espontânea	Spontan
Expressão	Expresie
Fluidez	Fluiditate
Habilidade	Îndemânare
Imagem	Imagine
Imaginação	Imaginație
Impressão	Impresie
Inspiração	Inspirație
Intensidade	Intensitate
Intuição	Intuiție
Inventivo	Inventiv
Sensação	Senzație
Sentimentos	Sentimente
Visões	Viziuni
Vitalidade	Vitalitate

Dança
Dance

Academia	Academie
Alegre	Vesel
Arte	Artă
Clássico	Clasic
Coreografia	Coregrafie
Corpo	Corp
Cultura	Cultură
Cultural	Cultural
Emoção	Emoție
Ensaio	Repetiție
Expressivo	Expresiv
Graça	Grație
Movimento	Mișcare
Música	Muzică
Parceiro	Partener
Postura	Postură
Ritmo	Ritm
Tradicional	Tradiţional
Visual	Vizual

Dias e Meses
Zile și Lunile

Abril	Aprilie
Agosto	August
Ano	An
Calendário	Calendar
Dezembro	Decembrie
Domingo	Duminică
Fevereiro	Februarie
Janeiro	Ianuarie
Julho	Iulie
Junho	Iunie
Mês	Lună
Novembro	Noiembrie
Outubro	Octombrie
Quinta-Feira	Joi
Sábado	Sâmbătă
Segunda-Feira	Luni
Semana	Săptămână
Setembro	Septembrie
Sexta-Feira	Vineri
Terça	Marți

Diplomacia
Diplomaţie

Cidadãos	Cetățeni
Comunidade	Comunitate
Conflito	Conflict
Consultor	Consilier
Cooperação	Cooperare
Diplomático	Diplomatic
Discussão	Discuție
Embaixada	Ambasadă
Embaixador	Ambasador
Ética	Etică
Governo	Guvern
Humanitário	Umanitar
Integridade	Integritate
Justiça	Dreptate
Línguas	Limbi
Política	Politică
Resolução	Rezoluție
Segurança	Securitate
Solução	Soluție
Tratado	Tratat

Dirigindo
Conducere

Acidente	Accident
Carro	Mașină
Combustível	Combustibil
Cuidado	Prudență
Estrada	Drum
Freios	Frâne
Garagem	Garaj
Gás	Gaz
Licença	Licență
Mapa	Hartă
Motocicleta	Motocicletă
Motor	Motor
Pedestre	Pieton
Perigo	Pericol
Polícia	Politie
Rua	Stradă
Segurança	Siguranță
Transporte	Transport
Tráfego	Trafic
Túnel	Tunel

Disciplinas Científicas
Disciplinele Științifice

Anatomia	Anatomie
Arqueologia	Arheologie
Astronomia	Astronomie
Biologia	Biologie
Bioquímica	Biochimie
Botânica	Botanică
Cinesiologia	Kinetoterapie
Ecologia	Ecologie
Fisiologia	Fiziologie
Geologia	Geologie
Imunologia	Imunologie
Linguística	Lingvistică
Meteorologia	Meteorologie
Mineralogia	Mineralogie
Neurologia	Neurologie
Psicologia	Psihologie
Química	Chimie
Sociologia	Sociologie
Termodinâmica	Termodinamică
Zoologia	Zoologie

Doença
Boală

Abdominal	Abdominal
Agudo	Acut
Alergias	Alergii
Contagioso	Contagios
Coração	Inimă
Corpo	Corp
Crônica	Cronic
Fraco	Slab
Genético	Genetic
Hereditário	Ereditar
Imunidade	Imunitate
Inflamação	Iritare
Lombar	Lombar
Neuropatia	Neuropatie
Ossos	Oase
Pulmonar	Pulmonar
Respiratório	Respiratorii
Saúde	Sănătate
Síndrome	Sindrom
Terapia	Terapie

Ecologia
Ecologie

Clima	Climat
Comunidades	Comunități
Diversidade	Diversitate
Espécies	Specie
Fauna	Faună
Flora	Floră
Global	Global
Habitat	Habitat
Marinho	Marin
Natural	Firesc
Natureza	Natură
Pântano	Mlaștină
Plantas	Plante
Recursos	Resurse
Seca	Secetă
Sobrevivência	Supraviețuire
Sustentável	Durabilă
Variedade	Varietate
Vegetação	Vegetație
Voluntários	Voluntari

Edifícios
Constructii

Apartamento	Apartament
Castelo	Castel
Celeiro	Hambar
Cinema	Cinema
Embaixada	Ambasadă
Escola	Școală
Estádio	Stadion
Fazenda	Fermă
Fábrica	Fabrică
Garagem	Garaj
Hospital	Spital
Hotel	Hotel
Laboratório	Laborator
Museu	Muzeu
Observatório	Observator
Supermercado	Supermarket
Teatro	Teatru
Tenda	Cort
Torre	Turn
Universidade	Universitate

Emoções
Emoții

Alegria	Bucurie
Amor	Dragoste
Animado	Excitat
Bem-Aventurança	Fericire
Bondade	Bunătate
Calmo	Calm
Conteúdo	Conținut
Envergonhado	Jenat
Grato	Recunoscător
Medo	Frică
Paz	Pace
Raiva	Furie
Relaxado	Relaxat
Satisfeito	Satisfăcut
Simpatia	Simpatie
Ternura	Sensibilitate
Tédio	Plictiseală
Tranquilidade	Liniște
Tristeza	Tristețe

Energia
Energie

Ambiente	Mediu
Bateria	Baterie
Calor	Căldură
Carbono	Carbon
Combustível	Combustibil
Diesel	Motorină
Elétrico	Electric
Elétron	Electron
Entropia	Entropie
Fóton	Foton
Gasolina	Benzină
Hidrogênio	Hidrogen
Indústria	Industrie
Motor	Motor
Nuclear	Nuclear
Poluição	Poluare
Renovável	Regenerabile
Sol	Soare
Turbina	Turbină
Vento	Vânt

Engenharia
Inginerie

Atrito	Frecare
Ângulo	Unghi
Cálculo	Calcul
Construção	Construcție
Diagrama	Diagramă
Diâmetro	Diametru
Diesel	Motorină
Dimensões	Dimensiuni
Distribuição	Distribuție
Eixo	Axă
Energia	Energie
Estabilidade	Stabilitate
Estrutura	Structura
Força	Tărie
Líquido	Lichid
Máquina	Mașină
Medição	Măsurare
Motor	Motor
Profundidade	Adâncime
Propulsão	Propulsie

Especiarias
Condimente

Açafrão	Șofran
Alcaçuz	Lemn Dulce
Alho	Usturoi
Amargo	Amar
Anis	Anason
Azedo	Acru
Baunilha	Vanilie
Canela	Scorțișoară
Cardamomo	Cardamom
Caril	Curry
Cebola	Ceapă
Coentro	Coriandru
Cominho	Chimion
Doce	Dulce
Funcho	Fenicul
Gengibre	Ghimbir
Noz-Moscada	Nucșoară
Pimenta	Piper
Sabor	Aromă
Sal	Sare

Ética
Etica

Altruísmo	Altruism
Bondade	Bunătate
Compaixão	Compasiune
Cooperação	Cooperare
Dignidade	Demnitate
Diplomático	Diplomatic
Filosofia	Filozofie
Honestidade	Onestitate
Humanidade	Umanitate
Individualismo	Individualism
Integridade	Integritate
Otimismo	Optimism
Paciência	Răbdare
Racionalidade	Raționalitate
Razoável	Rezonabil
Realismo	Realism
Respeitoso	Respectuos
Sabedoria	Înțelepciune
Tolerância	Toleranță
Valores	Valori

Família
Familie

Antepassado	Strămoș
Avó	Bunica
Criança	Copil
Crianças	Copii
Esposa	Soție
Filha	Fiica
Infância	Copilărie
Irmã	Sora
Irmão	Frate
Marido	Soțul
Materno	Matern
Mãe	Mamă
Neto	Nepot
Pai	Tată
Paterno	Patern
Primo	Văr
Sobrinha	Nepoată
Sobrinho	Nepot
Tia	Mătușă
Tio	Unchi

Fazenda #1
Ferma # 1

Abelha	Albină
Agricultura	Agricultură
Arroz	Orez
Água	Apă
Bezerro	Vițel
Burro	Măgar
Cabra	Capră
Campo	Câmp
Cavalo	Cal
Cão	Câine
Cerca	Gard
Corvo	Cioară
Feno	Fân
Fertilizante	Îngrășământ
Frango	Pui
Gato	Pisică
Mel	Miere
Porco	Porc
Rebanho	Turmă
Vaca	Vacă

Fazenda #2
Ferma # 2

Agricultor	Fermier
Animais	Animale
Celeiro	Hambar
Cevada	Orz
Colmeia	Stup
Cordeiro	Miel
Fruta	Fruct
Irrigação	Irigare
Leite	Lapte
Lhama	Lamă
Maduro	Copt
Milho	Porumb
Ovelha	Oaie
Pastor	Păstor
Pato	Rață
Pomar	Livadă
Prado	Luncă
Trator	Tractor
Trigo	Grâu
Vegetal	Vegetal

Férias #2
Vacanță #2

Acampamento	Camping
Aeroporto	Aeroport
Destino	Destinație
Estrangeiro	Străin
Feriado	Vacanță
Fotos	Fotografii
Hotel	Hotel
Ilha	Insulă
Lazer	Timp Liber
Mapa	Hartă
Mar	Mare
Passaporte	Pașaport
Praia	Plajă
Reservas	Rezervări
Restaurante	Restaurant
Táxi	Taxi
Tenda	Cort
Transporte	Transport
Viagem	Călătorie
Visto	Viză

Ficção Científica
Operă Științifico-Fantas

Atómico	Atomic
Cinema	Cinema
Distante	Îndepărtat
Distopia	Distopie
Explosão	Explozie
Extremo	Extrem
Fantástico	Fantastic
Fogo	Foc
Futurista	Futurist
Galáxia	Galaxie
Ilusão	Iluzie
Imaginário	Imaginar
Livros	Cărți
Misterioso	Misterios
Mundo	Lume
Oráculo	Oracol
Planeta	Planetă
Robôs	Roboți
Tecnologia	Tehnologie
Utopia	Utopie

Filantropia
Filantropie

Caridade	Caritate
Comunidade	Comunitate
Contatos	Contacte
Crianças	Copii
Desafios	Provocări
Finança	Finanța
Fundos	Fonduri
Generosidade	Generozitate
Global	Global
Grupos	Grupuri
História	Istorie
Honestidade	Onestitate
Humanidade	Umanitate
Juventude	Tineret
Missão	Misiune
Necessidade	Nevoie
Objetivos	Obiectivele
Pessoas	Oameni
Programas	Programe
Público	Public

Física
Fizică

Aceleração	Accelerare
Átomo	Atom
Caos	Haos
Densidade	Densitate
Elétron	Electron
Expansão	Expansiune
Fórmula	Formulă
Frequência	Frecvență
Gás	Gaz
Gravidade	Gravitație
Magnetismo	Magnetism
Massa	Masă
Mecânica	Mecanica
Molécula	Moleculă
Motor	Motor
Nuclear	Nuclear
Partícula	Particulă
Químico	Chimic
Relatividade	Relativitate
Universal	Universal

Flores
Flori

Buquê	Buchet
Dente-De-Leão	Păpădie
Gardênia	Gardenie
Hibisco	Hibiscus
Jasmim	Iasomie
Lavanda	Lavandă
Lilás	Liliac
Lírio	Crin
Magnólia	Magnolie
Margarida	Margaretă
Narciso	Narcisă
Orquídea	Orhidee
Papoula	Mac
Peônia	Bujor
Pétala	Petală
Plumeria	Plumeria
Rosa	Trandafir
Trevo	Trifoi
Tulipa	Lalea

Floresta Tropical
Pădurea Tropicală

Anfíbios	Amfibieni
Botânico	Botanic
Clima	Climat
Comunidade	Comunitate
Diversidade	Diversitate
Espécies	Specie
Indígena	Indigene
Insetos	Insecte
Mamíferos	Mamifere
Musgo	Mușchi
Natureza	Natură
Nuvens	Nori
Pássaros	Păsări
Preservação	Conservare
Refúgio	Refugiu
Respeito	Respect
Restauração	Restaurare
Selva	Junglă
Sobrevivência	Supraviețuire
Valioso	Valoros

Força e Gravidade
Forța și Gravitatea

Atrito	Frecare
Centro	Centru
Descoberta	Descoperire
Dinâmico	Dinamic
Distância	Distanță
Eixo	Axă
Expansão	Expansiune
Física	Fizică
Impacto	Impact
Magnetismo	Magnetism
Magnitude	Magnitudine
Mecânica	Mecanica
Órbita	Orbită
Peso	Greutate
Planetas	Planete
Pressão	Presiune
Propriedades	Proprietăți
Rapidez	Viteză
Tempo	Timp
Universal	Universal

Formas
Forme

Arco	Arc
Canto	Colț
Cilindro	Cilindru
Círculo	Cerc
Cone	Con
Cubo	Cub
Curva	Curbă
Elipse	Elipsă
Esfera	Sferă
Hipérbole	Hiperbolă
Lado	Parte
Linha	Linia
Oval	Oval
Pirâmide	Piramidă
Polígono	Poligon
Prisma	Prismă
Quadrado	Pătrat
Retângulo	Dreptunghi
Triângulo	Triunghi

Frutas
Fructe

Abacate	Avocado
Abacaxi	Ananas
Amora	Mure
Baga	Bacă
Banana	Banană
Cereja	Cireașă
Coco	Nucă de Cocos
Damasco	Caisă
Figo	Fig
Framboesa	Zmeură
Kiwi	Kiwi
Laranja	Portocaliu
Limão	Lămâie
Maçã	Măr
Mamão	Papaya
Manga	Mango
Nectarina	Nectarină
Pera	Pară
Pêssego	Piersică
Uva	Struguri

Geografia
Geografie

Altitude	Altitudine
Atlas	Atlas
Cidade	Oraș
Continente	Continent
Hemisfério	Emisferă
Ilha	Insulă
Latitude	Latitudine
Mapa	Hartă
Mar	Mare
Meridiano	Meridian
Montanha	Munte
Mundo	Lume
Norte	Nord
Oceano	Ocean
Oeste	Vest
País	Țară
Região	Regiune
Rio	Râu
Sul	Sud
Território	Teritoriu

Geologia
Geologie

Ácido	Acid
Camada	Strat
Caverna	Cavernă
Cálcio	Calciu
Continente	Continent
Coral	Coral
Cristais	Cristale
Erosão	Eroziune
Estalactite	Stalactit
Estalagmites	Stalagmite
Fóssil	Fosil
Lava	Lavă
Minerais	Minerale
Pedra	Piatră
Platô	Platou
Quartzo	Cuarț
Sal	Sare
Terremoto	Cutremur
Vulcão	Vulcan
Zona	Zonă

Geometria
Geometrie

Altura	Înălțime
Ângulo	Unghi
Cálculo	Calcul
Círculo	Cerc
Curva	Curbă
Diâmetro	Diametru
Dimensão	Dimensiune
Equação	Ecuație
Horizontal	Orizontală
Lógica	Logică
Massa	Masă
Mediana	Mediană
Paralelo	Paralel
Proporção	Proporție
Segmento	Segment
Simetria	Simetrie
Superfície	Suprafață
Teoria	Teorie
Triângulo	Triunghi
Vertical	Vertical

Governo
Guvern

Cidadania	Cetățenie
Civil	Civil
Constituição	Constituție
Democracia	Democrație
Discurso	Vorbire
Discussão	Discuție
Distrito	District
Estado	Stat
Igualdade	Egalitate
Independência	Independență
Judicial	Juridic
Justiça	Dreptate
Lei	Lege
Liberdade	Libertate
Líder	Lider
Monumento	Monument
Nacional	Național
Nação	Națiune
Política	Politică
Símbolo	Simbol

Herbalismo
Plante Medicinale

Açafrão	Şofran
Alecrim	Rozmarin
Alho	Usturoi
Aromático	Aromat
Benéfico	Benefic
Coentro	Coriandru
Estragão	Tarhon
Flor	Floare
Funcho	Fenicul
Ingrediente	Ingredient
Jardim	Grădină
Lavanda	Lavandă
Manjericão	Busuioc
Manjerona	Maghiran
Planta	Plantă
Qualidade	Calitate
Sabor	Aromă
Salsa	Pătrunjel
Tomilho	Cimbru
Verde	Verde

Imigração
Imigraţie

Administração	Administrare
Adultos	Adulţi
Ajuda	Ajutor
Aprovação	Aprobare
Comunicação	Comunicare
Crianças	Copii
Documentos	Documente
Estresse	Stres
Financiamento	Finanţarea
Fronteiras	Frontiere
Habitação	Locuinţă
Lei	Lege
Língua	Limba
Negociação	Negociere
Oficial	Ofiţer
Processo	Proces
Proteção	Protecţie
Situação	Situatie
Solução	Soluţie

Instrumentos Musicais
Instrumente Muzicale

Bandolim	Mandolină
Banjo	Banjo
Clarinete	Clarinet
Fagote	Fagot
Flauta	Flaut
Gaita	Muzicuţă
Gongo	Gong
Harpa	Harpă
Marimba	Marimba
Oboé	Oboi
Pandeiro	Tamburină
Percussão	Percuţie
Piano	Pian
Saxofone	Saxofon
Tambor	Tobă
Trombone	Trombon
Trompete	Trompetă
Violão	Chitară
Violino	Vioară
Violoncelo	Violoncel

Jardim
Grădină

Ancinho	Greblă
Arbusto	Tufiş
Árvore	Copac
Banco	Bancă
Cerca	Gard
Ervas Daninhas	Buruieni
Flor	Floare
Garagem	Garaj
Grama	Iarbă
Gramado	Gazon
Jardim	Grădină
Lagoa	Iaz
Maca	Hamac
Mangueira	Furtun
Pá	Lopată
Pomar	Livadă
Solo	Sol
Terraço	Terasă
Trampolim	Trambulină
Varanda	Verandă

Jardinagem
Grădinărind

Água	Apă
Botânico	Botanic
Buquê	Buchet
Clima	Climat
Comestível	Comestibil
Composto	Compost
Espécies	Specie
Exótico	Exotic
Floral	Floral
Folha	Frunză
Folhagem	Frunze
Mangueira	Furtun
Pomar	Livadă
Recipiente	Container
Sazonal	Sezonier
Sementes	Seminţe
Solo	Sol
Sujeira	Murdărie
Umidade	Umiditate

Jazz
Jazz

Artista	Artist
Álbum	Album
Bateria	Tobe
Canção	Cântec
Composição	Compoziţie
Compositor	Compozitor
Concerto	Concert
Estilo	Stil
Ênfase	Accent
Famoso	Celebru
Favoritos	Favorite
Gênero	Gen
Improvisação	Improvizaţie
Música	Muzică
Novo	Nou
Orquestra	Orchestră
Ritmo	Ritm
Talento	Talent
Técnica	Tehnică
Velho	Vechi

Literatura
Literatură

Analogia	Analogie
Análise	Analiză
Anedota	Anecdotă
Autor	Autor
Biografia	Biografie
Comparação	Comparaţie
Conclusão	Concluzie
Descrição	Descriere
Diálogo	Dialog
Estilo	Stil
Ficção	Ficţiune
Metáfora	Metaforă
Narrador	Narator
Opinião	Opinie
Poema	Poem
Rima	Rimă
Ritmo	Ritm
Romance	Roman
Tema	Temă
Tragédia	Tragedie

Livros
Cărţi

Autor	Autor
Aventura	Aventură
Coleção	Colecţie
Contexto	Context
Dualidade	Dualitate
Escrito	Scris
Épico	Epic
História	Poveste
Histórico	Istoric
Inventivo	Inventiv
Leitor	Cititor
Literário	Literar
Narrador	Narator
Página	Pagină
Poema	Poem
Poesia	Poezie
Relevante	Relevant
Romance	Roman
Série	Serie
Trágico	Tragic

Mamíferos
Mamiferele

Baleia	Balenă
Camelo	Cămilă
Canguru	Cangur
Castor	Castor
Cavalo	Cal
Cão	Câine
Coelho	Iepure
Coiote	Coiot
Elefante	Elefant
Gato	Pisică
Girafa	Girafă
Golfinho	Delfin
Gorila	Gorilă
Leão	Leu
Lobo	Lup
Macaco	Maimuţă
Ovelha	Oaie
Raposa	Vulpe
Touro	Taur
Zebra	Zebră

Matemática
Matematică

Aritmética	Aritmetică
Ângulos	Unghiuri
Circunferência	Circumferinţă
Decimal	Zecimal
Diâmetro	Diametru
Equação	Ecuaţie
Expoente	Exponent
Fração	Fracţiune
Geometria	Geometrie
Paralelo	Paralel
Paralelogramo	Paralelogram
Perímetro	Perimetru
Perpendicular	Perpendicular
Polígono	Poligon
Raio	Rază
Retângulo	Dreptunghi
Simetria	Simetrie
Soma	Sumă
Triângulo	Triunghi
Volume	Volum

Material de Arte
Materiale de Artă

Acrílico	Acrilic
Apagador	Radieră
Aquarelas	Acuarele
Argila	Lut
Água	Apă
Cadeira	Scaun
Carvão	Cărbune
Cavalete	Şevalet
Câmera	Aparat Foto
Cola	Lipici
Cores	Culori
Criatividade	Creativitate
Escovas	Perii
Lápis	Creioane
Mesa	Tabel
Óleo	Ulei
Papel	Hârtie
Pastels	Pasteluri
Tinta	Cerneală
Tintas	Vopsele

Medições
Măsurătorile

Altura	Înălţime
Byte	Byte
Centímetro	Centimetru
Comprimento	Lungime
Decimal	Zecimal
Grama	Gram
Grau	Grad
Largura	Lăţime
Litro	Litru
Massa	Masă
Metro	Metru
Minuto	Minut
Onça	Uncie
Peso	Greutate
Polegada	Inch
Profundidade	Adâncime
Quilograma	Kilogram
Quilômetro	Kilometru
Tonelada	Tonă
Volume	Volum

Meditação
Meditație

Aceitação	Acceptare
Acordado	Treaz
Atenção	Atenție
Bondade	Bunătate
Clareza	Claritate
Compaixão	Compasiune
Emoções	Emoții
Gratidão	Recunoștință
Hábitos	Obiceiuri
Mental	Mental
Mente	Minte
Movimento	Mișcare
Música	Muzică
Natureza	Natură
Observação	Observare
Paz	Pace
Pensamentos	Gânduri
Perspectiva	Perspectivă
Postura	Postură
Silêncio	Tăcere

Mitologia
Mitologie

Arquétipo	Arhetip
Ciúmes	Gelozie
Comportamento	Comportament
Criação	Creare
Criatura	Făptură
Cultura	Cultură
Desastre	Dezastru
Força	Tărie
Guerreiro	Războinic
Heroína	Eroina
Herói	Erou
Imortalidade	Nemurire
Labirinto	Labirint
Lenda	Legendă
Mágico	Magic
Monstro	Monstru
Mortal	Muritor
Relâmpago	Fulger
Trovão	Tunet
Vingança	Războunare

Moda
Modă

Acessível	Accesibil
Bordado	Broderie
Botões	Butoane
Boutique	Butic
Caro	Scump
Confortável	Confortabil
Elegante	Elegant
Estilo	Stil
Medidas	Măsurători
Minimalista	Minimalist
Moderno	Modern
Modesto	Modest
Original	Original
Prático	Practic
Renda	Dantelă
Roupa	Îmbrăcăminte
Simples	Simplu
Tecido	Țesătură
Tendência	Tendință
Textura	Textură

Música
Muzica

Álbum	Album
Balada	Baladă
Cantar	Cânta
Cantor	Cântăreț
Clássico	Clasic
Coro	Cor
Gravação	Înregistrare
Harmonia	Armonie
Improvisar	Improviza
Instrumento	Instrument
Lírico	Liric
Melodia	Melodie
Microfone	Microfon
Musical	Muzical
Músico	Muzician
Ópera	Operă
Poético	Poetic
Ritmo	Ritm
Tempo	Tempo
Vocal	Vocal

Natureza
Natura

Abelhas	Albine
Abrigo	Adăpost
Animais	Animale
Ártico	Arctic
Beleza	Frumusețe
Deserto	Deșert
Dinâmico	Dinamic
Erosão	Eroziune
Floresta	Pădure
Folhagem	Frunze
Geleira	Ghețar
Nevoeiro	Ceață
Nuvens	Nori
Pacífico	Pașnică
Rio	Râu
Santuário	Sanctuar
Selvagem	Sălbatic
Sereno	Senin
Tropical	Tropical
Vital	Vital

Negócios
Afaceri

Carreira	Carieră
Custo	Cost
Desconto	Reducere
Dinheiro	Bani
Economia	Economie
Empregado	Angajat
Empregador	Angajator
Empresa	Companie
Escritório	Birou
Fábrica	Fabrică
Finança	Finanța
Impostos	Taxe
Investimento	Investiții
Loja	Magazin
Lucro	Profit
Mercadoria	Marfă
Moeda	Valută
Orçamento	Buget
Rendimento	Venituri
Venda	Vânzare

Nutrição
Alimentație

Amargo	Amar
Apetite	Apetit
Calorias	Calorii
Carboidratos	Glucide
Comestível	Comestibil
Dieta	Dietă
Digestão	Digestie
Equilibrado	Echilibrat
Fermentação	Fermentație
Líquidos	Lichide
Molho	Sos
Nutriente	Nutrient
Peso	Greutate
Proteínas	Proteine
Qualidade	Calitate
Sabor	Aromă
Saudável	Sănătos
Saúde	Sănătate
Toxina	Toxină
Vitamina	Vitamină

Números
Numerele

Cinco	Cinci
Decimal	Zecimal
Dez	Zece
Dezesseis	Șaisprezece
Dezessete	Șaptesprezece
Dezoito	Optsprezece
Dois	Doi
Doze	Doisprezece
Nove	Nouă
Oito	Opt
Quatorze	Paisprezece
Quatro	Patru
Quinze	Cincisprezece
Seis	Șase
Sete	Șapte
Treze	Treisprezece
Três	Trei
Um	Unu
Vinte	Douăzeci
Zero	Zero

Oceano
Ocean

Alga	Alge
Atum	Ton
Baleia	Balenă
Barco	Barcă
Camarão	Crevetă
Caranguejo	Crab
Coral	Coral
Enguia	Anghilă
Esponja	Burete
Golfinho	Delfin
Marés	Maree
Medusa	Meduze
Ondas	Valuri
Ostra	Stridie
Peixe	Pește
Polvo	Caracatiță
Recife	Recif
Sal	Sare
Tempestade	Furtună
Tubarão	Rechin

Paisagens
Peisaje

Cascata	Cascadă
Caverna	Peșteră
Colina	Deal
Deserto	Deșert
Geleira	Ghețar
Golfo	Golf
Iceberg	Aisberg
Ilha	Insulă
Lago	Lac
Mar	Mare
Montanha	Munte
Oásis	Oază
Oceano	Ocean
Pântano	Mlaștină
Península	Peninsulă
Praia	Plajă
Rio	Râu
Tundra	Tundră
Vale	Vale
Vulcão	Vulcan

Países #1
Țările #1

Alemanha	Germania
Brasil	Brazilia
Camboja	Cambodgia
Canadá	Canada
Egito	Egipt
Equador	Ecuador
Espanha	Spania
Finlândia	Finlanda
Iraque	Irak
Israel	Israel
Itália	Italia
Índia	India
Mali	Mali
Marrocos	Maroc
Nicarágua	Nicaragua
Noruega	Norvegia
Panamá	Panama
Polônia	Polonia
Senegal	Senegal
Venezuela	Venezuela

Países #2
Țările #2

Albânia	Albania
Dinamarca	Danemarca
França	Franța
Grécia	Grecia
Haiti	Haiti
Indonésia	Indonezia
Irlanda	Irlanda
Jamaica	Jamaica
Japão	Japonia
Laos	Laos
Líbano	Liban
México	Mexic
Nepal	Nepal
Nigéria	Nigeria
Paquistão	Pakistan
Rússia	Rusia
Síria	Siria
Somália	Somalia
Ucrânia	Ucraina
Uganda	Uganda

Pássaros
Păsări

Avestruz	Struț
Águia	Vultur
Cegonha	Barză
Cisne	Lebădă
Corvo	Cioară
Cuco	Cuc
Flamingo	Flamingo
Frango	Pui
Gaivota	Pescăruș
Ganso	Gâscă
Garça	Stârc
Ovo	Ou
Papagaio	Papagal
Pardal	Vrabie
Pato	Rață
Pavão	Păun
Pelicano	Pelican
Pinguim	Pinguin
Pombo	Porumbel
Tucano	Toucan

Pesca
Pescuit

Água	Apă
Barbatanas	Aripioare
Barco	Barcă
Brânquias	Branhii
Cesta	Coș
Cozinhar	Bucătar
Equipamento	Echipament
Exagero	Exagerare
Fio	Sârmă
Gancho	Cârlig
Isca	Momeală
Lago	Lac
Mandíbula	Falcă
Oceano	Ocean
Paciência	Răbdare
Peso	Greutate
Praia	Plajă
Rio	Râu
Temporada	Sezon

Plantas
Plante

Arbusto	Tufiș
Árvore	Copac
Baga	Bacă
Bambu	Bambus
Botânica	Botanică
Cacto	Cactus
Feijão	Fasole
Fertilizante	Îngrăşământ
Flor	Floare
Flora	Floră
Floresta	Pădure
Folha	Frunză
Folhagem	Frunze
Grama	Iarbă
Hera	Iederă
Jardim	Grădină
Musgo	Mușchi
Pétala	Petală
Raiz	Rădăcină
Vegetação	Vegetație

Profissões #1
Profesiile #1

Advogado	Avocat
Alfaiate	Croitor
Artista	Artist
Astrônomo	Astronom
Banqueiro	Bancher
Bombeiro	Pompier
Caçador	Vânător
Cartógrafo	Cartograf
Cientista	Om de Știință
Dançarino	Dansator
Editor	Editor
Embaixador	Ambasador
Encanador	Instalator
Geólogo	Geolog
Joalheiro	Bijutier
Marinheiro	Marinar
Músico	Muzician
Pianista	Pianist
Psicólogo	Psiholog
Veterinário	Veterinar

Profissões #2
Profesiile #2

Agricultor	Fermier
Astronauta	Astronaut
Bibliotecário	Bibliotecar
Biólogo	Biolog
Cirurgião	Chirurg
Dentista	Dentist
Engenheiro	Inginer
Filósofo	Filozof
Fotógrafo	Fotograf
Ilustrador	Ilustrator
Inventor	Inventator
Investigador	Cercetător
Jardineiro	Grădinar
Jornalista	Jurnalist
Linguista	Lingvist
Médico	Medic
Piloto	Pilot
Pintor	Pictor
Professor	Profesor
Zoólogo	Zoolog

Psicologia
Psihologie

Avaliação	Evaluare
Clínico	Clinic
Comportamento	Comportament
Compromisso	Programare
Conflito	Conflict
Ego	Ego
Emoções	Emoții
Experiências	Experiențe
Inconsciente	Inconștient
Infância	Copilărie
Influências	Influențe
Pensamentos	Gânduri
Percepção	Percepție
Personalidade	Personalitate
Problema	Problemă
Realidade	Realitate
Sensação	Senzație
Sonhos	Vise
Subconsciente	Subconștient
Terapia	Terapie

Química
Chimie

Alcalino	Alcalin
Ácido	Acid
Calor	Căldură
Carbono	Carbon
Catalisador	Catalizator
Cloro	Clor
Elementos	Elemente
Elétron	Electron
Enzima	Enzimă
Gás	Gaz
Hidrogênio	Hidrogen
Íon	Ion
Líquido	Lichid
Molécula	Moleculă
Nuclear	Nuclear
Orgânico	Organic
Oxigénio	Oxigen
Peso	Greutate
Sal	Sare
Temperatura	Temperatura

Restaurante # 2
Restaurantul #2

Almoço	Prânz
Aperitivo	Aperitiv
Água	Apă
Bebida	Băutură
Bolo	Tort
Cadeira	Scaun
Colher	Lingură
Delicioso	Delicios
Especiarias	Condimente
Fruta	Fruct
Garçom	Chelner
Garfo	Furcă
Gelo	Gheață
Jantar	Cina
Legumes	Legume
Ovo	Ouă
Peixe	Peşte
Sal	Sare
Salada	Salată
Sopa	Supă

Roupas
Haine

Avental	Şorţ
Blusa	Bluză
Calça	Pantaloni
Camisa	Cămaşă
Casaco	Haina
Chapéu	Pălărie
Cinto	Curea
Colar	Colier
Jaqueta	Sacou
Jeans	Blugi
Luvas	Mănuşi
Meias	Şosete
Moda	Modă
Pijama	Pijama
Pulseira	Brăţară
Saia	Fusta
Sandálias	Sandale
Sapato	Pantof
Suéter	Pulover
Vestido	Rochie

Saúde e Bem-Estar #1
Sănătate și Bunăstare #1

Altura	Înălţime
Ativo	Activ
Bactérias	Bacterii
Clínica	Clinica
Doutor	Doctor
Farmácia	Farmacie
Fome	Foame
Fratura	Fractură
Hábito	Obicei
Hormones	Hormoni
Medicina	Medicină
Nervos	Nervi
Ossos	Oase
Pele	Piele
Postura	Postură
Reflexo	Reflex
Relaxamento	Relaxare
Terapia	Terapie
Tratamento	Tratament
Vírus	Virus

Saúde e Bem-Estar #2
Sănătate și Bunăstare #2

Alergia	Alergie
Anatomia	Anatomie
Apetite	Apetit
Caloria	Calorii
Corpo	Corp
Dieta	Dietă
Digestão	Digestie
Doença	Boala
Energia	Energie
Genética	Genetică
Higiene	Igienă
Hospital	Spital
Humor	Dispozitie
Infecção	Infecţie
Massagem	Masaj
Peso	Greutate
Recuperação	Recuperare
Sangue	Sânge
Saudável	Sănătos
Vitamina	Vitamină

Tempo
Timp

Agora	Acum
Ano	An
Antes	Înainte
Anual	Anual
Calendário	Calendar
Década	Deceniu
Dia	Zi
Futuro	Viitor
Hoje	Azi
Hora	Oră
Manhã	Dimineaţă
Meio-Dia	Amiază
Mês	Lună
Minuto	Minut
Momento	Clipă
Noite	Noapte
Ontem	Ieri
Relógio	Ceas
Semana	Săptămână
Século	Secol

Tipos de Cabelo
Tipuri de Par

Branco	Alb
Brilhante	Lucios
Cachos	Bucle
Careca	Chel
Cinza	Gri
Colori	Colorate
Encaracolado	Cret
Fino	Subțire
Grosso	Gros
Loiro	Blond
Longo	Lung
Marrom	Maro
Ondulado	Ondulat
Prata	Argint
Preto	Negru
Saudável	Sănătos
Seco	Uscat
Suave	Moale
Trançado	Împletit
Tranças	Împletituri

Universo
Universul

Asteróide	Asteroid
Astronomia	Astronomie
Astrônomo	Astronom
Atmosfera	Atmosferă
Celestial	Ceresc
Céu	Cer
Cósmico	Cosmic
Equador	Ecuator
Galáxia	Galaxie
Hemisfério	Emisferă
Horizonte	Orizont
Latitude	Latitudine
Longitude	Longitudine
Lua	Luna
Órbita	Orbită
Solar	Solar
Solstício	Solstițiu
Telescópio	Telescop
Visível	Vizibil
Zodíaco	Zodiac

Vegetais
Legume

Abóbora	Dovleac
Aipo	Țelină
Alcachofra	Anghinare
Alho	Usturoi
Batata	Cartof
Beringela	Vânătă
Brócolis	Broccoli
Cebola	Ceapă
Cenoura	Morcov
Chalota	Șalotă
Cogumelo	Ciupercă
Ervilha	Mazăre
Espinafre	Spanac
Gengibre	Ghimbir
Nabo	Nap
Pepino	Castravete
Rabanete	Ridiche
Salada	Salată
Salsa	Pătrunjel
Tomate	Roșie

Veículos
Autovehicule

Ambulância	Ambulanță
Avião	Avion
Balsa	Bac
Barco	Barcă
Bicicleta	Bicicletă
Caminhão	Camion
Caravana	Caravană
Carro	Mașină
Foguete	Rachetă
Helicóptero	Elicopter
Jangada	Plută
Lambreta	Scuter
Metrô	Metrou
Motor	Motor
Ônibus	Autobuz
Pneus	Anvelope
Submarino	Submarin
Táxi	Taxi
Transporte	Navetă
Trator	Tractor

Parabéns

Conseguiu!

Esperamos que tenha gostado tanto deste livro como nós gostamos de o desenhar. Esforçamo-nos por criar livros da mais alta qualidade possível.
Esta edição foi concebida para proporcionar uma aprendizagem inteligente, de qualidade e divertida!

Gostou deste livro?

Um simples pedido

Estes livros existem graças às críticas que publica.
Pode ajudar-nos, deixando agora uma revisão?

Aqui está um pequeno link para
a sua página de revisão:

BestBooksActivity.com/Avaliacoes50

DESAFIO FINAL!

Desafio n° 1

Está pronto para o seu jogo grátis? Usamo-los a toda a hora, mas não são tão fáceis de encontrar - aqui estão os **Sinônimos!**
Escreva 5 palavras que encontrou nos puzzles (n° 21, n° 36, n° 76) e tente encontrar 2 sinónimos para cada palavra.

Escreva 5 palavras de *Puzzle 21*

Palavras	Sinônimo 1	Sinônimo 2

Escreva 5 palavras de *Puzzle 36*

Palavras	Sinônimo 1	Sinônimo 2

Escreva 5 palavras de *Puzzle 76*

Palavras	Sinônimo 1	Sinônimo 2

Desafio n° 2

Agora que já aqueceu, escreva 5 palavras que encontrou nos Puzzles (n° 9, n° 17 e n° 25) e tente encontrar 2 antônimos para cada palavra. Quantos se podem encontrar em 20 minutos?

Escreva 5 palavras de **Puzzle 9**

Palavras	Antônimo 1	Antônimo 2

Escreva 5 palavras de **Puzzle 17**

Palavras	Antônimo 1	Antônimo 2

Escreva 5 palavras de **Puzzle 25**

Palavras	Antônimo 1	Antônimo 2

Desafio n° 3

Óptimo! Este desafio final não é nada para si.

Pronto para o desafio final? Escolha 10 palavras que tenha descoberto nos diferentes puzzles e escreva-as abaixo.

1.	6.
2.	7.
3.	8.
4.	9.
5.	10.

Agora escreva um texto a pensar numa pessoa, num animal ou num lugar de seu agrado.

Pode utilizar a última página deste livro como um rascunho.

A Sua Composição:

CADERNO DE NOTAS:

ATÉ BREVE!

A equipa Inteira

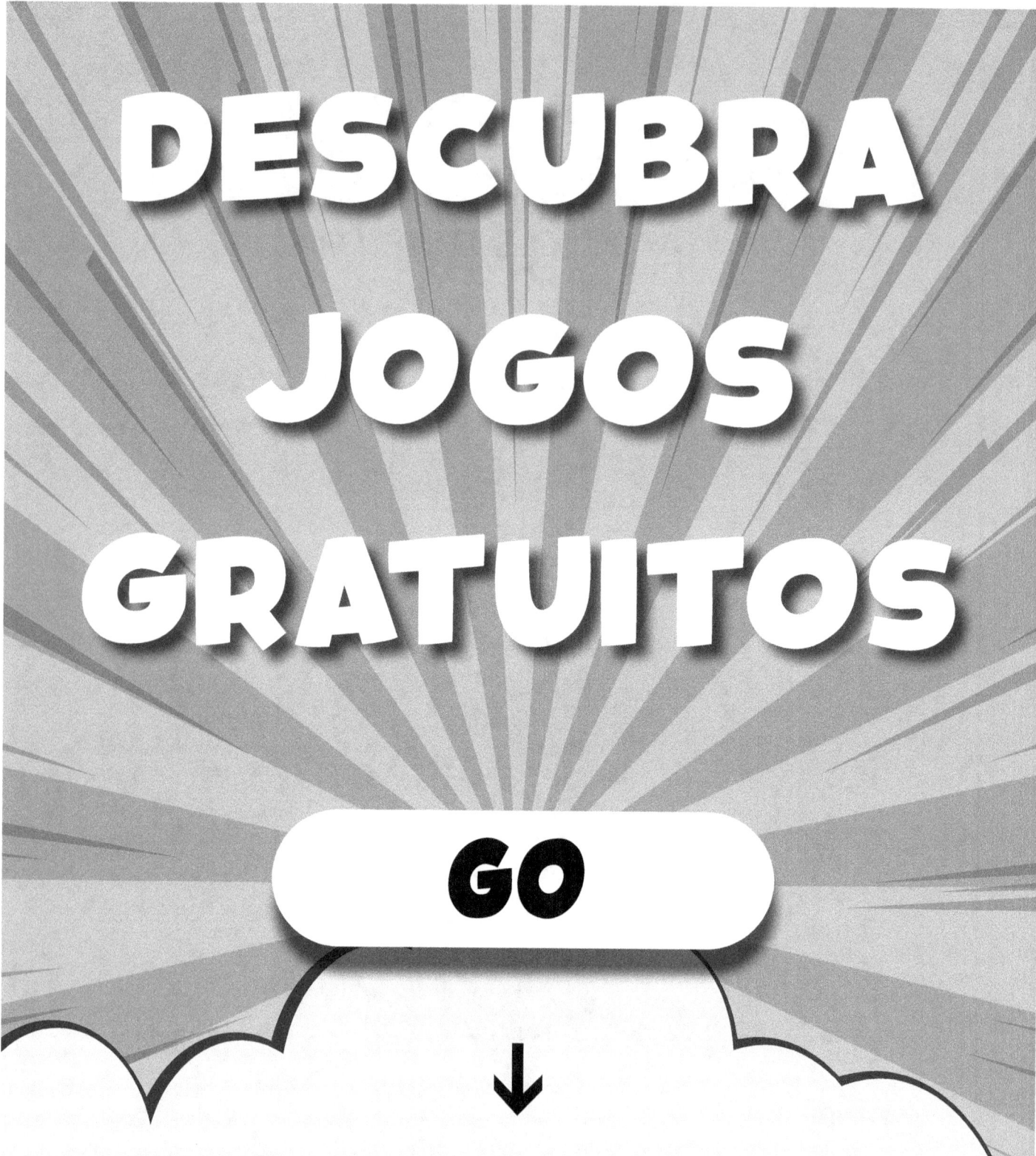

BESTACTIVITYBOOKS.COM/FREEGAMES